Dr. Wolfram Viefhues

# STRAFRECHT
# Besonderer Teil 2

**Vorwort zur 5. Auflage**

Auf vielfachen Leserwunsch wurden die Inhalte der bisherigen Bände 12 und 17 in der 4. Auflage des Bandes 17 zusammengefasst und gestrafft. Der Erfolg des Buches gab dieser Straffung Recht und daher folgt hier nun die 5. Auflage.

Dänischenhagen im April 2009

COPYRIGHT: Richter-Verlag
Hans-Peter Richter
Paul-Schroeder-Straße 18
24229 Dänischenhagen
Tel. 04349-1725
Fax 04349-571
e-mail: RICHTER-VERLAG@t-online.de
Website: www.Richter-Verlag.de

Druck und Verarbeitung: Druckerei Schmidt & Klaunig, Kiel



Weitere Bücher dieser Reihe sind erhältlich über den Buchhandel oder direkt vom Verlag.

5. Auflage 2009

ISBN 978-3-935150-66-8

## Inhaltsverzeichnis

**Die Behandlung folgender weiterer Delikte finden Sie nach wie vor in Band 12:**

- Geldfälschungsdelikte
- Falsche Verdächtigung § 164 und
  Vortäuschen einer Straftat, § 145d
- Delikte gegen die öffentliche Ordnung, §§138, 132, 132a, 133, 136, 288, 289.
- Geldwäsche, § 261
- Amtsdelikte

# 1. Kapitel

# Tötungsdelikte

## Totschlag § 212 StGB

### Prüfungsschema zu § 212 StGB

| | |
|---|---|
| **A.** | **Tatbestand** |
| **I.** | **objektiver Tatbestand: Tötung eines anderen Menschen** |
| **II.** | **subjektiver Tatbestand: Vorsatz** |
| **B.** | **Rechtswidrigkeit** |
| **C.** | **Schuld** |

### Objektiver Tatbestand

§ 212 fordert als Taterfolg die Tötung eines anderen Menschen.

Die Tathandlung kann dabei ein aktives Tun oder ein Unterlassen sein. Beim Unterlassen muss eine Garantenpflicht des Täters bestehen (vgl. § 13 StGB).

Der Tötungserfolg muss kausal auf das Verhalten des Täters zurückzuführen sein und diesem zugerechnet werden können.

dazu JURISTISCHE GRUNDKURSE Band 2, Strafrecht AT-1

Die Art und Weise der Tötung ist für § 212 unerheblich, es kann aber § 211 StGB ausgelöst werden!

### Subjektiver Tatbestand

Erforderlich ist Vorsatz mindestens in der Form des dolus eventualis hinsichtlich des Taterfolgs und der Kausalität.

### Rechtswidrigkeit und Schuld

Es gelten die allgemeinen Grundsätze.

# Mord § 211 StGB

## Prüfungsschema zu § 211 StGB

A. Tatbestand
I. Objektiver Tatbestand
1. Grunddelikt des § 212
2. Tatbezogene Mordmerkmale
II. Subjektiver Tatbestand
1. Vorsatz
2. Täterbezogene Mordmerkmale
B. Rechtswidrigkeit
C. Schuld

Mord ist die besonders verwerfliche Tötung eines anderen Menschen. Das Gesetz hat die Fälle des Mordes durch **Mordmerkmale** abschließend definiert:

1. **aus Mordlust**
2. **zur Befriedigung seines Geschlechtstriebs**
3. **aus Habgier**
4. **aus sonst niedrigen Beweggründen**
5. **heimtückisch**
6. **grausam**
7. **mit gemeingefährlichen Mitteln**
8. **um eine andere Straftat zu verdecken oder zu ermöglichen.**

Dabei handelt es sich teilweise um

- **objektive Merkmale**, die sich auf die Begehungsweise der Tat beziehen (**tatbezogene Mordmerkmale**) so die Merkmale heimtückisch, grausam und mit gemeingefährlichem Mittel
- **subjektive Merkmale**, die sich aus der Gesinnung des Täters ergeben (**täterbezogene Mordmerkmale**) so Mordlust, zur Befriedigung des Geschlechtstriebs, Habgier und die Absicht, andere Straftat zu verdecken oder zu ermöglichen.

**Klausurtip**

**Prüfen Sie in der Klausur genau, ob die einzelnen Mordmerkmale erfüllt sind. Aber:**
**Die Eingruppierungsfrage, ob es sich um ein tatbezogenes oder täterbezogenes Merkmal handelt, stellt sich nicht schon beim Täter selbst, sondern erst beim Tatbeteiligten im Hinblick auf § 28 StGB. Ist in der Klausur kein Tatbeteiligter vorhanden, sind alle dahingehenden Ausführungen überflüssig!**

Zur Anwendung des § 28 auf die Mordmerkmale und die Akzessorietätsproblematik insgesamt siehe eingehend: JURISTISCHE GRUNDKURSE Band 8, Strafrecht AT-3

## Mordlust

Das subjektive Merkmal der Mordlust ist gegeben, wenn

**der Antrieb der Tat auf das Töten als solches gerichtet ist**

Dies soll nach dem BGH dann der Fall sein, wenn der Täter eine "unnatürliche Lust" an dem Tötungsvorgang selbst entwickelt.

## Zur Befriedigung des Geschlechtstriebes

Dieses subjektive Mordmerkmal liegt vor,

**wenn der Täter sich aus der Tötung sexuelle Befriedigung verschaffen will**

Dies kann einmal der Fall sein, wenn der Täter tötet, um sich am Opfer sexuell zu befriedigen, aber auch dann, wenn der Täter allein durch die Tötung die Befriedigung erlangt. Ausreichend ist, wenn der Täter diese Befriedigung erst bei der späteren Betrachtung der Bild-Ton-Aufzeichnung (Video) vom Tötungsakt und dem Umgang mit der Leiche finden will (BGH NJW 2005, 1876). Auch die Inkaufnahme des Todes durch die sexuelle Gewalthandlung reicht aus (BGH NStZ 2005, 90).

## Habgier

**Habgier ist das ungezügelte und rücksichtslose Gewinnstreben**

Die wichtigsten Fälle der Habgier sind der Raubmord oder der bezahlte Auftragsmord, bei der der Täter tötet, um hierfür eine Bezahlung zu erlangen (BGH NJW 2005, 996); ggf. kommen auch niedrige Beweggründe als Mordmerkmal in Betracht.

Habgier ist das Gewinnstreben um jeden Preis. Es ist umstritten, ob damit - wie beim Raubmord - nur ein Vermögenszuwachs umfasst ist oder ob auch die Vermeidung von Aufwendungen ausreicht. Die Rechtsprechung bejaht dies. Die Gegenansicht verneint dies und lehnt Habgier in solchen Fällen ab (möglicherweise sind aber dann sonstige niedrige Beweggründe zu bejahen).

***Bsp.**: Der A tötet seine geschiedene Ehefrau, um der Unterhaltszahlungsverpflichtung zu entgehen. – Nach der Rechtsprechung ist Habgier gegeben, nach der Gegenansicht nicht.*

## Sonstige niedrige Beweggründe

**Sonstige niedrige Beweggründe sind Tatantriebe, die sittlich auf niedrigster Stufe stehen und nach allgemeinen Wertmaßstäben besonders verwerflich sind**

Dies ist gegeben, wenn zwischen dem Anlass der Tat und deren Folgen ein krasses Missverhältnis besteht, wenn also die Tötung aus nichtigem Anlass erfolgt. Dabei muss der Täter diese Umstände kennen und die Bedeutung derselben für die Tat erfassen. Nicht erforderlich ist, dass der Täter diese Gründe selbst als verwerflich bewertet.

> ***Bsp.:*** *Hass, (grundlose) Eifersucht, Verhinderung der Trennung der Partnerin (BGH NStZ-RR 2007, 14); Abreagieren von Aggressionen an einem unbeteiligten Opfer*

Bei einer Tötung aus Wut oder Verärgerung kommt es darauf an, ob diese Antriebsregungen ihrerseits auf einer niedrigen Gesinnung beruhen (BGH NStZ-RR 2006, 140). Rache für eine belastende Zeugenaussage ist als niedriger Beweggrund einzustufen. Ausreichend ist auch eine Tötung ohne jeden Grund und aus terroristischen Motiven.

Ausreichend ist, dass in der Tathandlung ein menschenverachtender Vernichtungswille zum Ausdruck kommt. Dabei ist der Maßstab für die Bewertung eines Beweggrundes den Vorstellungen der Rechtsgemeinschaft der Bundesrepublik Deutschland zu entnehmen und nicht den Anschauungen einer Volksgruppe, die die sittlichen und rechtlichen Werte dieser Rechtsgemeinschaft nicht anerkennt. Das Motiv der "Blutrache" ist regelmäßig als niedriger Beweggrund anzusehen (BGH NJW 2006, 1008).

## Heimtücke

**Heimtücke ist das bewusste Ausnutzen der Arg- und Wehrlosigkeit**

Diese Vorgehensweise des Täters nimmt dem Opfer die Schutzmöglichkeiten und die Chance, dem Angriff auf sein Leben zu entgehen oder abzuwehren. Erforderlich sind dazu die Arglosigkeit des Opfers und seine daraus resultierende Wehrlosigkeit. Der Täter muss diese Situation kennen und sich bewusst sein, dass er sie ausnutzt.

**Arglos** ist derjenige, der sich zu Beginn der Tat keines Angriffs von Seiten des Täters versieht. Dies erfordert, dass das Opfer gerade in Bezug auf den Täter arglos ist.

> Arglosigkeit ist auch dann gegeben, wenn bei offen feindseligem Verhalten das Opfer die Tötungsabsicht noch im letzten Augenblick erkennt, aber nicht mehr reagieren kann. Voraussetzung für die Annahme von Arglosigkeit ist also, dass dem Opfer keine Zeit zu irgendwie gearteten Gegenmaßnahmen bleibt. Sogar ein schlafendes Opfer kann heimtückisch getötet werden (BGH NStZ 2006, 338).
>
> ***Bsp.:*** *M tötet seine Ehefrau im ehelichen Schlafzimmer – Seinem Ehepartner gegenüber versieht man sich (regelmäßig) keines Angriffs, ist also arglos.*

Auch wenn sich das (spätere) Mordopfer selbst aggressiv verhält wie z.B. bei einer tätlichen Auseinandersetzung unter Lebensgefährten, kann es arglos sein, wenn der Täter das Opfer bei früheren Auseinandersetzungen noch nie verletzt hat.

**Nicht arglos** ist dagegen z.B. der Erpresser gegenüber einem Angriff des Erpressten.

**Wehrlosigkeit** ist ein Zustand erheblich eingeschränkter Verteidigungsbereitschaft. Dies ist der Fall, wenn das Opfer sich keines Angriffs versieht.

***Bsp.***: *M unternimmt mit seiner Ehefrau F eine Segeltour. Auf hoher See stößt M sie über Bord. Nichtschwimmerin F ertrinkt. – Als Ehegattin war F arglos, da sie mit keinem Angriff seitens des M rechnen konnte. Daher ging sie als Nichtschwimmerin auf die Segeltour. Wegen ihrer Arglosigkeit war es ihr erschwert möglich, sich gegen M zur Wehr zu setzen.*

Die Arglosigkeit muss zur Zeit des Angriffsbeginns bestehen, also in dem Zeitpunkt, in dem der Eintritt des Versuchsstadiums liegt. Es ist unschädlich, wenn das Opfer den Angriff im letzten Moment erkennt, wenn aus der Situation heraus eine erhöhte Wehrlosigkeit des Opfers folgt.

Die Wehrlosigkeit muss schließlich auf der Arglosigkeit beruhen. Das bedeutet, dass infolge der Arglosigkeit ein Zustand erhöhter Wehrlosigkeit eingetreten sein muss.

Ist das Opfer schon gar nicht in der Lage, Abwehrmechanismen zu entwickeln wie z.B. ein Kleinkind oder ein Geisteskranker, so ist die Arglosigkeit schwer zu begründen. Sie wird von der Rechtsprechung dann bejaht, wenn der Täter die natürlichen Abwehrmechanismen des Opfers ausschaltet.

***Bsp.***: *Der K will das Kind seiner Freundin F umbringen. Er besorgt sich deshalb Gift. Das Gift mischt der K dem Kind in seinen Pudding, wobei er einige Löffel Zucker zufügt, um den Geschmack des Giftes zu überdecken. – Die natürlichen Reflexe des Kindes verhindern, dass es den Pudding mit dem schlecht schmeckenden Gift annehmen würde. Diese instinktiven Abwehrreaktionen schaltet der Täter hier aus und handelt daher heimtückisch.*

So kann ein normal entwickeltes 5 Jahre altes Kind einen auf sein Leben zielenden Angriff erkennen und versuchen, dem Anschlag in irgendeiner Weise zu begegnen oder ihn jedenfalls zu erschweren (BGH NStZ 2006, 338).
Bei Tötung eines Kleinkindes kann die Heimtücke auch in der Ausnutzung der Arglosigkeit schutzbereiter Dritter liegen (BGH NStZ-RR 2006, 43).

Die auf Arglosigkeit beruhende Wehrlosigkeit des Opfers eines Tötungsdelikts kann auch dann bestehen, wenn der Täter ihm zwar offen entgegentritt, die Zeitspanne zwischen dem Erkennen der Gefahr und dem unmittelbaren Angriff aber so kurz ist, dass keine Möglichkeit bleibt, dem Angriff irgendwie zu begegnen (BGH NStZ-RR 2006, 10).

Auf der subjektiven Seite ist gefordert, dass der Täter diese Arg- und Wehrlosigkeit bewusst ausgenutzt hat. Dazu muss er die Umstände erkannt haben, die die Arg- und Wehrlosigkeit des Opfers begründen und diese in der Vorstellung ausgenutzt haben, dass die Tatbegehung hierdurch erleichtert werde. Dabei reicht dolus eventualis aus.

Die Rechtsprechung verlangt hier daher zusätzlich eine feindselige Willensrichtung des Täters.

**Bsp.**: *M will seine unheilbar kranke Ehefrau von deren Qualen erlösen und tötet sie. – Da M dem Opfer Qualen ersparen will, fehlt es hier an der feindlichen Willensrichtung, Heimtücke scheidet aus.*

Die Literatur fordert demgegenüber überwiegend einen besonders verwerflichen Vertrauensbruch.

Schönke-Schröder-Eser, § 211 Rdnr. 26

Nach der Entscheidung des Bundesverfassungsgerichts zur lebenslangen Freiheitsstrafe (BVerfGE 45,187 ff.) ist jedenfalls eine restriktive Handhabung geboten.

## grausam

**Grausam ist eine Tat, bei der dem Opfer besonders schwere körperliche oder seelische Qualen beigefügt werden, die nach ihrer Stärke oder Dauer über das für die Tötung als solche erforderliche Maß hinausgehen**

*Grausam* ist ein objektives Mordmerkmal. Es muss daher vom Vorsatz des Täters umfasst sein.

**Bsp.:** *T tötet seinen Feind O, indem er ihn mit Benzin übergießt und anzündet. – Da O qualvoll verbrennt und dabei übermäßige Todesqualen erleidet, liegt grausame Begehung vor.*

## Gemeingefährliches Mittel

**Gemeingefährliche Mittel sind solche Tatmittel, deren Wirkungsweise der Täter im Einzelfall nicht beherrscht und die geeignet sind, weitere Menschenleben zu gefährden oder eine Gemeingefahr hervorzurufen**

Entscheidend ist also die Nichtkontrollierbarkeit der konkreten Anwendung. Auch hier muss der Täter dieses Mittel vorsätzlich zur Tatbegehung einsetzen.

**Bsp.:** *Der Neonazi N ärgert sich schon lange über die Berichte des kritischen Journalisten J. N will den J umbringen und schickt ihm eine Briefbombe. –*

*Selbst wenn die Wirkung einer solchen Bombe nach Sprengkraft und Bauart vorher berechnet werden kann, so ist hier nicht abzusehen, wer den Brief öffnen wird. Auch wird eine Vielzahl von Personen auf dem Transportweg gefährdet.*

## Um eine Straftat zu ermöglichen oder zu verdecken

Die **Absicht eine Straftat zu ermöglichen** erfordert, dass die

**Tötung als Mittel zur Begehung einer anderen Straftat dient**

Es muss sich um eine Straftat handeln, eine Ordnungswidrigkeit reicht nicht aus (in einem solchen Fall ist aber an niedrige Beweggründe zu denken!).

Es muss sich aber nicht um eine Straftat des Täters selbst handeln, eine fremde Straftat reicht aus.

Die Straftat muss dabei die Zielvorstellung des Täters sein. Es ist aber nicht erforderlich, dass sie objektiv begangen wird.

**Verdeckungsabsicht** ist

**das Bestreben, das Bekanntwerden einer eigenen oder fremden Vortat oder ihres Täters zu verhindern oder die Aufklärung zu erschweren**

Voraussetzung ist dabei, dass die Straftat nach den Vorstellungen des Täters noch verheimlicht werden kann.

In beiden Varianten ist Absicht, also zielgerichtetes Verhalten, erforderlich, wobei die Ermöglichungs- bzw. Verdeckungsabsicht der wesentliche Antrieb zur Tat gewesen sein muss. Unschädlich ist, wenn der Täter schon aus anderen Gründen zur Tötung des Opfers entschlossen ist (BGH NStZ 2003, 261).

<u>**Klausurtip**</u>

**In der Klausur empfiehlt es sich, zuerst das Delikt zu prüfen, das ermöglicht oder verdeckt werden soll.**

**Beginnt man sofort mit dem Mord, müsste das andere Delikt incident im Rahmen dieser Prüfung mit behandelt werden!**

## Verhältnis zwischen § 211 StGB zu § 212 StGB

Das Verhältnis zwischen § 211 StGB zu § 212 StGB ist umstritten. Die in der Literatur herrschende Ansicht sieht § 212 StGB als Grunddelikt und § 211 als Qualifizierung an.

Vgl. nur Schönke-Schröder-Eser, § 211 Rdnr. 1

Dagegen behandelt die Rechtsprechung die beiden Tatbestände als selbständige Delikte BGHSt 1, 368; BGHSt 2, 377

**Diese Frage ist in der Klausur nur dann wirklich relevant, wenn Teilnehmer vorhanden sind, bei denen § 28 für die Zurechnung von Mordmerkmalen von Bedeutung ist.**
**In den übrigen Fällen sollte der Meinungsstreit allenfalls mit einem Satz erwähnt werden!**

**Klausurtip**

Näher dazu: JURISTISCHE GRUNDKURSE Band 8, Strafrecht AT-3

## Fahrlässige Tötung § 222 StGB

Die fahrlässige Tötung unterscheidet sich von der vorsätzlichen Tötung des § 212 StGB im Prinzip nicht im objektiven Tatbestand bei der Zurechnung des Erfolges zur Person des Täters, sondern nur im subjektiven Bereich. Allerdings sind bereits im objektiven Tatbestand bestimmte Probleme genau zu behandeln:

- die Todesfolge ist eingetreten und
  durch ein willensgesteuertes Verhalten des Täters hervorgerufen
- das Verhalten des Täters hat die Gefahr für das Leben des Opfers gesetzt
  diese Gefahr realisierte sich auch in dem konkreten Todeserfolg
- der Täter konnte diese Möglichkeit nach seinen Fähigkeiten erkennen
- der Täter hat seine Sorgfaltspflichten verletzt

Im Übrigen ist auf die grundsätzlichen Ausführungen zum Fahrlässigkeitsdelikt zu verweisen.

Siehe dazu: JURISTISCHE GRUNDKURSE Band 7, Strafrecht AT-2

# Tötung auf Verlangen § 216 StGB

## Prüfungsschema zu § 216 StGB

A. Tatbestand

I. objektiver Tatbestand des § 212 StGB

(Tötung eines Menschen)

II. subjektiver Tatbestand des § 212 StGB (Tötungsvorsatz)

III. Objektiver Tatbestand des § 216 StGB

1. Verlangen des Getöteten

a. ausdrücklich und

b. ernsthaft

2. Kausalität des Verlangens für das Verhalten des Täters

IV. subjektiver Tatbestand des § 216 StGB

- mindestens dolus eventualis

B. Rechtswidrigkeit

C. Schuld

## Tatbestand

Die Tötung auf Verlangen stellt nach h.L. eine Privilegierung des § 212 StGB dar, während die Rechtsprechung von einem eigenständigen Delikt ausgeht. Dabei ist der Grund für die Strafmilderung die "Einwilligung" des Opfers in die Tötung, die das Unrecht zwar nicht ausschließt, aber mindert.

Die **Tathandlung** ist dabei die täterschaftliche Tötung eines anderen Menschen. Die bloße Teilnahme an der Selbsttötung eines anderen genügt daher nicht.

## Verlangen

Der Getötete muss auf den Willen des Täters eingewirkt haben. Das bloße Einverständnis mit der Tötung reicht nicht aus, vielmehr muss das Verlangen des Opfers den Täter zu seiner Tat bestimmt haben. Ausreichend ist hier eine Verhaltensweise, die der Anstiftung iSd § 26 StGB entspricht.

***Bsp.:*** *Der Z ist schwer krank. Seine Ehefrau E hat Mitleid mit ihm. Sie deutet ihm an, dass sie ihm eine Spritze geben wolle, um ihn von seinem Leiden zu erlösen. Z bittet die E darum und sagt ihr, er habe sich nicht getraut, die E danach zu fragen. –*

*Die Initiative geht hier von der E aus. Das ändert aber nichts daran, dass allein die Entscheidung des Opfers Z hier die Tatsituation gestaltet und der entscheidende Auslöser für das Verhalten der E ist. Ein solches Bestimmen liegt also auch dann vor, wenn die Initiative nicht vom Opfer gekommen ist.*

Dieses Verlangen muss **ausdrücklich** erfolgen, also auf eine eindeutige, nicht misszuverstehende Weise geäußert werden. Dabei bedarf es keines gesprochenen oder geschriebenen Wortes, auch eine konkludente Willensäußerung des Getöteten - z.B. in Form einer eindeutigen Geste - reicht aus.

**Ernstlich** ist das Verlangen, wenn es auf einem frei gefassten und verantwortlichen Willensentschluss des Opfers beruht. Das Opfer muss sich der Tragweite seiner Entscheidung bewusst sein. Ist dagegen der Entschluss durch Zwang oder Täuschung erfolgt und auf Grund wesentlicher Willensmängel herbeigeführt worden, scheidet § 216 StGB aus.

***Bsp.:*** *Die Ehefrau F fühlt sich seit einiger Zeit krank. Als sie nach einem Arztbesuch auf das Ergebnis weiterer Untersuchungen wartet, spiegelt ihr der Ehemann M vor, der Arzt habe angerufen und eine Krebserkrankung mitgeteilt. Daraufhin verlässt die F der Lebensmut und sie bittet den M, sie zu töten. Der M kommt diesem Wunsche nach. –*

*Der M handelt hier nicht aufgrund eines Verlangens der F, da diese irrtumsbedingt den Tötungswunsch geäußert hat. Es liegt kein § 216 StGB vor, sondern der M hat sich wegen Totschlags (§ 212 StGB) oder Mordes (§ 211 StGB) strafbar gemacht.*

Missversteht der Täter das Verhalten des Opfers als eindeutiges Tötungsverlangen, greift § 16 Abs. 2 StGB zu seinen Gunsten ein, § 216 StGB kommt zur Anwendung.

## Abgrenzung zur Beihilfe zum Selbstmord

Die Beihilfe zum Selbstmord (Suizid) ist straflos, da keine strafbare Haupttat gegeben ist, denn strafbar ist nur die Tötung eines anderen Menschen, nicht aber die Selbsttötung. Problematisch ist, wie die Abgrenzung zwischen dieser straflosen Beihilfe zum Selbstmord und der strafbaren Tötung auf Verlangen vorzunehmen ist.

Wichtigstes Kriterium für die Abgrenzung ist die Tatherrschaft, die nur beim Täter vorhanden ist, nicht aber beim Gehilfen. Erste Voraussetzung ist dabei, dass der Suizid auf einer frei verantwortlichen Willensentscheidung beruht.

***Bsp.:*** *Die F weiß, dass sie an einer schweren Krankheit leidet und nur noch wenige Zeit zu leben hat. Sie will aber nicht unter großen Schmerzen sterben und beschließt daher, durch Schlaftabletten aus dem Leben zu scheiden. Der M gibt ihr auf ihre Bitte Schlaftabletten, die F nimmt. F stirbt. –*

*Die F handelt hier in Kenntnis der tatsächlichen Sachlage und voll verantwortlich. Sie entscheidet selbst, auf welche Weise und wie sie aus dem Leben scheiden will. Sie hat die Tatherrschaft; der M ist nur Gehilfe zum Selbstmord und bleibt straflos.*

Fehlt es an der frei verantwortlichen Entscheidung des Opfers, ist § 216 StGB nicht erfüllt.

***Bsp.:*** *Die F leidet zeitweise unter geistiger Verwirrung. Sie ist ihrem Mann M lästig geworden. Eines Tages ist die F wieder einmal offensichtlich verwirrt und will sich umbringen. Der M gibt ihr Schlaftabletten, die F nimmt. F stirbt. – Hier liegt bei F keine frei verantwortliche Willensentscheidung vor, denn sie ist offensichtlich geistig verwirrt, als sie den Entschluss zum Selbstmord trifft. Tatherrschaft hat der M.*

Das **Abgrenzungsproblem** zur Tötung auf Verlangen gem. § 216 StGB stellt sich auch beim einseitig fehlgeschlagenen Doppelselbstmord.

***Bsp.:*** *Das Liebespaar A und B hat sich zum Selbstmord entschlossen. A präpariert auf Verlangen der B seinen PKW so, dass Auspuffgase in das Fahrzeug geleitet werden. Auf einem einsamen Waldweg setzen sich beide gemeinsam ins Auto und A lässt den Wagen an. Nach einiger Zeit wird B bewusstlos. A verliert später das Bewusstsein und wird durch einen zufällig vorbeikommenden Spaziergänger gerettet, während B stirbt. –*

*Die versuchte Selbsttötung des A ist straflos. Eine Strafbarkeit kann sich nur aus der Tötung der B ergeben. Hatte B selbst Tatherrschaft, so liegt nach der geschilderten grundsätzlichen Abgrenzung für A straflose Beihilfe zum Suizid vor. Lag die Tatherrschaft dagegen bei A und fehlt es an der Tatherrschaft der B, so greift bei A § 216 StGB ein.*

**Die Behandlung dieser Frage ist strittig.** Der letzte aktive Tatbeitrag des A liegt darin, dass er das Fahrzeug angelassen hat, um die Abgase in den Fahrgastraum zu leiten. Zu diesem Zeitpunkt war die B noch bei vollem Bewusstsein, also hatte sie noch die Tatherrschaft. Sie hätte bis zum Eintreten der Bewusstlosigkeit jederzeit den weiteren Ablauf unterbrechen können - so z.B. durch Öffnen der Türe und Verlassen des Fahrzeuges. Dementsprechend verneint die h.L. eine Strafbarkeit des A. Anders die Rechtsprechung (BGHSt 19, 135), die darauf abstellt, wer als letzter die Tatherrschaft noch innehatte. Da hier der A nach B das Bewusstsein verloren hat, hatte er vom Eintritt der Bewusstlosigkeit der B an die alleinige Tatherrschaft, denn es bestand für ihn noch die Möglichkeit, den Kausalverlauf abzubrechen. Kritisiert wird daran, dass es allein vom Zufall abhängt, welcher der beiden Personen zuerst das Bewusstsein verliert.

***Bsp.:*** *Der X und die Y haben sich zum gemeinsamen Selbstmord entschlossen. Y verlangt von X, er solle sie erschießen und sich dann selbst töten. Der X schießt auf die Y und trifft sie tödlich. Dann versucht er sich selbst zu erschießen; die Waffe hat jedoch eine Ladehemmung.*

*Hier lag in der Handlung des X - der Schuss auf die Y - die unmittelbare Verfügung über deren Leben. Nach diesem Tatbeitrag des X bestand für die Y keine Eingriffsmöglichkeit mehr. Der X hat daher die täterschaftliche Tötung der Y begangen und ist nach § 216 StGB strafbar. Es liegt keine straflose Beihilfe zum Selbstmord der Y vor.*

# Aussetzung § 221 StGB

## Prüfungsschema zu § 221 StGB

**A. Tatbestand**

**I. objektiver Tatbestand**

**1. Tathandlung**

**a. das Versetzen eines Menschen in eine hilflose Lage oder**

**b. das Imstichlassen eines Menschen in hilfloser Lage trotz**

**aa.) Haben in der Obhut des Täters**

**bb.) Bestehens einer Beistandspflicht**

**2. Taterfolg**

**a. Gefahr des Todes oder**

**b. Gefahr einer schweren Gesundheitsbeschädigung**

**II. subjektiver Tatbestand**

**Vorsatz hinsichtlich aller Merkmale des objektiven Tatbestandes**

**B. Rechtswidrigkeit**

**C. Schuld**

**D. Qualifizierung nach § 221 Abs. 2 Nr. 1 StGB:**

**Begehung der Tat gegen sein Kind oder eine zur Erziehung oder Betreuung anvertraute Person**

**E. Erfolgsqualifizierung**

**1. § 221 Abs.2 Nr. 2 StGB**

**Verursachung einer schweren Gesundheitsbeschädigung des Opfers**

**2 § 221 Abs. 3 StGB**

**Verursachung des Todes des Opfers**

**3. Fahrlässigkeit bzgl. der Folge (§ 18 StGB)**

Geschütztes **Rechtsgut** dieser Norm ist sowohl das **Leben** (daher die Einordnung bei den Tötungsdelikten) als auch die **körperliche Unversehrtheit**. Das Delikt ist ein **Gefährdungsdelikt**.

## Tathandlungen

**Tathandlungen sind**

- das Versetzen eines Menschen in eine hilflose Lage, § 221 Abs. 1 Nr. 1 StGB
- das Imstichlassen eines Menschen in hilfloser Lage trotz Obhuts- oder Beistandspflicht, § 221 Abs. 1 Nr. 2 StGB

sowie zusätzlich dazu die Gefahr des Todes oder einer schweren Körperverletzung für das Opfer.

Bei der ersten Alternative sind alle Personen in den Schutzbereich der Norm einbezogen, während § 221 Abs. 1 Nr. 2 StGB nur solche Personen schützt, denen gegenüber schon zuvor eine Obhuts- oder Beistandspflicht des Täters bestand.

> ***Bsp.:*** *Die unerfahrenen Touristen T und X unternehmen mit dem Bergführer B eine Bergwanderung. Dabei stürzt der B durch ein ungeschicktes Verhalten des T und verletzt sich lebensgefährlich. T und X lassen den B zurück, ohne Hilfe zu holen. –*
>
> *Der T hat durch sein Verhalten den B in die hilflose Lage versetzt, da er den Sturz und damit die hilflose Lage des B herbeigeführt hat. Für T greift daher § 221 Abs. 1 Nr. 1 StGB ein. Anders für den X, bei dem nur § 221 Abs. 1 Nr. 2 StGB eingreifen könnte. Bei einer derartigen Bergwanderung besteht aber lediglich ein Obhutsverhältnis des Bergführers zu den von ihm geführten Touristen, nicht umgekehrt. § 221 Abs. 1 Nr. 2 StGB ist daher für X nicht erfüllt.*

Die **Obhutspflicht** verlangt ein bereits bestehendes Schutz- und Betreuungsverhältnis. Zur Begründung einer **Beistandspflicht** bedarf es eines **besonderen Rechtsgrundes**. Dieser kann sich aus Gesetz oder Rechtsgeschäft ergeben; ausreichend sind aber auch solche Beistandspflichten, die bei unechten Unterlassungsdelikten eine Rechtspflicht zum Handeln begründen (Garantenpflichten). Praktisch bedeutungsvoll dürften hier die Fälle der Ingerenz (des pflichtwidrigen gefährdenden Vorverhaltens) und der tatsächlichen Gefahrenübernahme sein.

Das **Imstichlassen** setzt keine räumliche Trennung voraus. Es reicht aus, wenn der Täter sich der Beistandleistung entzieht, obwohl er dazu in der Lage wäre.

> ***Bsp.:*** *Die Krankenpflegerin K betreut den schwerkranken S. Der S ist sehr herrisch und lässt seine Verzweiflung an der K aus. Eines Abends verschlimmert sich die Krankheit so schwer, dass er dringend ärztliche Hilfe benötigt. Die K bleibt aber ruhig an seinem Krankenbett sitzen. –*
>
> *Die Krankenpflegerin K ist hier obhuts- und beistandspflichtig. Sie lässt den S im Stich, obwohl sie sich nicht von seiner Seite entfernt, da sie ihm den nötigen Beistand - Rufen des Arztes - verweigert.*

## Taterfolg

Erforderlich ist der Eintritt einer **konkreten Todesgefahr** oder die **Gefahr einer schweren Gesundheitsbeschädigung.**

## Subjektiver Tatbestand

Erforderlich ist zumindest dolus eventualis.

## Qualifikationen des § 221

§ 221 Abs. 2 Nr. 1 beinhaltet eine Tatbestandsqualifikation, bei der der Täter sein Kind oder eine ihm zur Erziehung oder Betreuung anvertraute Person gefährdet.

§ 221 Abs. 2 Nr. 2 und § 221 Abs. III beinhalten Erfolgsqualifikationen durch den Eintritt einer schweren Körperverletzung bzw. den Tod des Opfers.

## Wiederholungsfragen zu den Tötungsdelikten

| | |
|---|---|
| 1. Welche Tatbestandsvoraussetzungen erfordert § 212 StGB? | Erforderlich ist lediglich die mit Vorsatz begangene Tötung eines Menschen. Dabei ist Kausalität und Zurechenbarkeit des Erfolges erforderlich. Subjektiv reicht dolus eventualis aus. |
| 2. Wie unterscheidet sich § 211 StGB inhaltlich von § 212 StGB? | § 211 (Mord) enthält alle Merkmale des § 212 StGB und zusätzlich besondere Mordmerkmale objektiver oder subjektiver Art. |
| 3. Wie definiert man Heimtücke? | Heimtücke ist das bewusste Ausnutzen der Arg- und Wehrlosigkeit. |
| 4. Beschreiben Sie das Merkmal der Habgier! | Habgier ist das Gewinnstreben um jeden Preis, das der Täter rücksichtslos durchsetzt. |
| 5. Beschreiben Sie die niedrigen Beweggründe! | Sonstige niedrige Beweggründe erkennt man daran, dass zwischen dem Anlass der Tat und deren Folgen ein krasses Missverhältnis besteht, wenn also die Tötung aus nichtigem Anlass erfolgt. |
| 6. Was ist das Entscheidende an dem gemeingefährlichen Mittel? | Entscheidend ist, dass der Täter die Auswirkungen seines Mittels nicht kontrollieren kann. |
| 7. Muss die Straftat bei der Verdeckungsabsicht wirklich begangen worden sein? | Die Straftat muss lediglich möglich und die Zielvorstellung des Täters sein. Sie braucht nicht objektiv begangen zu werden. |
| 8. Ist eine eigene Tat des Täters erforderlich? | Nein, Verdeckungsabsicht ist auch gegeben, wenn der Täter die Aufklärung einer fremden Tat verdecken will. |

| | |
|---|---|
| 9. Was ist der Grund für die Strafmilderung in § 216 StGB? | Die besondere Konfliktlage des Täters |
| 10. Wie ist das Verhältnis zwischen § 216 StGB und § 212 StGB? | Nach der Rechtsprechung ist § 216 StGB ein eigenständiges Delikt. Die Literatur sieht in der Tötung auf Verlangen eine Privilegierung des § 212 StGB. |
| 11. Welche Voraussetzungen sind an das Verlangen iSd § 216 StGB zu stellen? | Erforderlich ist das wohlüberlegte eigene Verlangen, das ausdrücklich erklärt werden muss. Dieses ausdrückliche und ernstliche Verlangen stellt eine qualifizierte Einwilligung dar. |
| 12. Muss ein solches Verlangen mit Worten erklärt werden? | Nein, es kann auch durch Gesten oder auf andere Weise erklärt werden. Das Verlangen muss aber unmissverständlich sein. |
| 13. Wie ist die Abgrenzung zwischen den Tötungsdelikten und einer Beihilfe zum Selbstmord vorzunehmen? | Diese Abgrenzung erfolgt nach der Tatherrschaft. Liegt die Tatherrschaft bei der getöteten Person, so ist der Helfer nicht strafbar, denn Beihilfe zum Selbstmord ist straflos. Hat jedoch der "Helfer" die Tatherrschaft, dann liegen § 216 StGB oder sogar §§ 211, 212 StGB vor. |
| 14. Schützt § 221 StGB alle Personen? | Nur bei der ersten Alternative werden alle Personen von der Norm geschützt, während § 221 Abs. 1 Nr. 2 StGB nur solche Personen schützt, denen gegenüber schon zuvor eine Obhuts- oder Beistandspflicht des Täters bestand. |
| 15. Welchen Taterfolg setzt § 221 StGB voraus? | Erforderlich ist der Eintritt einer konkreten Todesgefahr oder die Gefahr einer schweren Gesundheitsbeschädigung. Es handelt sich also um ein Gefährdungsdelikt. |

## Fall 1

*E trachtet O, gegen den er aus nichtigem Anlass einen abgrundtiefen Hass hat, nach dem Leben. E legt sich daher am Flussufer auf die Lauer, denn er weiß, dass dort der O regelmäßig auf dem Weg von der Arbeit nach Hause vorbeikommt. Einige Zeit später nähert sich auf dem Uferweg der U, der dem O sehr ähnlich sieht. E glaubt, es sei der O und stürzt sich mit gezücktem Messer auf ihn. U nimmt im letzten Moment den Angriff wahr und versetzt dem E einen kräftigen Schlag und kann entkommen.*
*Strafbarkeit des E aus §§ 211, 212?*

### Lösungsvorschlag

Der E könnte sich nach §§ 211,22,23 StGB wegen versuchten Mordes strafbar gemacht haben. Zu einer vollendeten Tötung ist es nicht gekommen.

Fraglich ist der Tatentschluss. Der E wollte den U töten. Dass er bei seinem Angriff irrig annahm, den E vor sich zu haben, ist wegen der Gleichwertigkeit der beiden Objekte unschädlich (sog. error in persona).

*Ist in der Klausur auszuführen Vgl. dazu Band 2, Strafrecht AT-1.*

Beim versuchten Mord muss sich der Tatentschluss auch auf die Mordmerkmale beziehen.

Es könnten niedrige Beweggründe gegeben sein. E handelte aus abgrundtiefem Hass, den er aus nichtigem Anlass gegen den O hatte. Es liegt ein krasses Missverhältnis zwischen Anlass und Erfolg vor, so dass niedrige Beweggründe anzunehmen sind.

Weiterhin ist auch an Heimtücke zu denken.

E wollte den ahnungslos nach Hause gehenden O töten, der keinen Angriff erwartete. Er wollte also zunächst dessen Arglosigkeit ausnutzen. Ferner wollte er auch den sich aus dieser Arglosigkeit entstehenden Zustand gesteigerter Wehrlosigkeit ausnutzen, so dass Heimtücke grundsätzlich zu bejahen wäre. Anerkannt ist aber, dass angesichts der Strafdrohung des § 211 StGB einschränkende Regelungen bei diesem Merkmal geboten sind.

Teilweise wird daher zusätzlich eine feindselige Willensrichtung des Täters gefordert. Diese ist diese hier zu bejahen.

Andere verlangen dagegen einen besonders verwerflichen Vertrauensbruch. Da keinerlei Vertrauensbeziehung zwischen Täter und Opfer bestanden hat, kann diese auch nicht gebrochen worden sein. Der Streit führt zu unterschiedlichen Ergebnissen und ist daher zu entscheiden.

Verlangt man zusätzlich einen besonders verwerflichen Vertrauensbruch, dann scheiden gerade Angriffe zwischen Personen, bei denen keine solche persönliche Beziehung bestanden hat, aus dem Schutz des Mordtatbestandes aus. Der Anwendungsbereich des § 211 wäre daher unangemessen eingeschränkt. Diese Ansicht ist daher abzulehnen.

Angesichts der (zumindest theoretischen) lebenslangen Strafdrohung lässt sich aber auch die gegenteilige Ansicht gut vertreten, dass nicht schon jede nur heimliche Tötung eine Verurteilung wegen Mordes rechtfertigt.

Der subjektive Tatbestand ist damit erfüllt.

Objektiv ist ein unmittelbares Ansetzen zur Tat erforderlich. Mit dem Stürzen auf den U bei gezücktem Messer hat der E angesichts der damit bestehenden Rechtsgutgefährdung unmittelbar zur Tat angesetzt.

Rechtswidrigkeit und Schuld liegen vor. E hat sich nach §§ 211,22,23 StGB strafbar gemacht.

§§§§§§§§§§§§§§§§§§§§§§§§§

⇨ **Weitere Fälle zu Tötungsdelikten** finden Sie in

- **JURISTISCHE GRUNDKURSE Band 8**, Strafrecht AT-3,
  wo insbesondere die Akzessorietätsproblematik bei Teilnahme an § 211 erörtert und am Fall dargestellt wird;
- **25 Fälle Strafrecht BT** (Band 6).

Vertiefend zu den Streitständen im Bereich der Tötungsdelikte:
**Streitstände KOMPAKT**, Band 2, Strafrecht BT.

# 2. Kapitel
# Körperverletzungsdelikte

## § 223 Körperverletzung

## Prüfungsschema zu § 223 StGB

**A. Tatbestand**

**I. objektiver Tatbestand**

1. **Körperliche Misshandlung oder**
2. **Gesundheitsbeschädigung**
3. **Kausalität und Zurechnung des Taterfolges**

**II. subjektiver Tatbestand**

**Vorsatz hinsichtlich aller Merkmale des objektiven Tatbestandes**

**A. Rechtswidrigkeit**

**B. Schuld**

**C. Antragserfordernis § 230 StGB**

## Tathandlungen

Die Tathandlung besteht in der körperlichen Misshandlung oder der Gesundheitsbeeinträchtigung einer anderen Person.

Das Gesetz spricht ausdrücklich von einer anderen Person; daraus folgt, dass die Selbstverletzung grundsätzlich straflos ist.

## Körperliche Misshandlung

**Körperliche Misshandlung ist jede unangemessene Behandlung, durch die das Opfer in seinem körperlichen Wohlbefinden oder in seiner körperlichen Unversehrtheit nicht unerheblich beeinträchtigt wird.**

Der körperliche Zustand des Opfers vor dem Angriff des Täters ist Maßstab für das körperliche Wohlbefinden. Es muss also zu einer Verschlechterung gekommen sein, wobei allerdings nicht notwendig Schmerzen zugefügt werden müssen.

**Seelische Beeinträchtigungen** wie z.B. Telefonterror reichen dann aus, wenn sie körperliche Auswirkungen nach sich ziehen wie Angstschweiß oder Herzklopfen.

Dabei muss das körperliche Wohlbefinden bzw. die körperliche Unversehrtheit **nicht unerheblich beeinträchtigt** worden sein. Damit werden Übergriffe mit Bagatellcharakter ausgeschieden.

## Gesundheitsbeschädigung

**Gesundheitsbeschädigung ist das Hervorrufen oder Steigern eines - wenn auch nur vorübergehenden - pathologischen Zustandes.**

Typisches Indiz für das Vorliegen einer Gesundheitsbeschädigung ist die Notwendigkeit der ärztlichen Behandlung.

## Der ärztliche Heileingriff

Umstritten ist die Frage, ob eine **fachgerechte ärztliche Heilbehandlung** eine Körperverletzung darstellt.

Teilweise meint man, dass der nach ärztlicher Kunst vorgenommene Heileingriff einen sinnvollen angemessenen Eingriff darstelle und keine üble unangemessene Behandlung, so dass schon der Tatbestand ausscheidet.

Andere vertreten den gleichen Ansatz, schränken aber weitergehend dahin ein, dass ein solcher Eingriff auch tatsächlich zum Heilungserfolg geführt haben muss.

Die Rechtsprechung bejaht demgegenüber in Fällen des ärztlichen Heileingriffs den Tatbestand der Körperverletzung, schließt aber die Rechtswidrigkeit (und so die Strafbarkeit) über die Einwilligung des Patienten aus.

BGHSt 11, 111; BGHSt 16, 309; OLG Hamburg NJW 1975, 603.

## Subjektiver Tatbestand

Auf der subjektiven Seite ist Vorsatz erforderlich, wobei dolus eventualis genügt.

Streitig war lange Zeit, ob der Tötungsvorsatz auch einen Körperverletzungsvorsatz enthält. Nach der heute herrschenden Einheitstheorie ist dies der Fall, so dass z.B. bei versuchtem Tötungsdelikt auch ggf. eine vollendete Körperverletzung zu bejahen wäre.

## Rechtswidrigkeit

**Bei den Körperverletzungsdelikten werden in der Klausur im Rahmen der Rechtswidrigkeit häufig Fragen der Notwehr, der Nothilfe und des Notstandes aufgeworfen. Fallrelevant sind aber auch Probleme der Einwilligung des Verletzten und der Zulässigkeit ärztlicher Heilbehandlungsmaßnahmen.**

**Klausurtip**

Siehe zur Einwilligung Band 2, Strafrecht AT-1

## Antragserfordernis § 230 StGB

Die Tat wird nur auf Antrag verfolgt, es sei denn, die Strafverfolgungsbehörde bejaht ein besonderes öffentliches Interesse.

**Das Antragserfordernis ist in der Klausur nur kurz zu erwähnen, wenn im Sachverhalt ausgeführt ist, dass die Strafanträge gestellt sind.**
**Fehlt dieser Zusatz im Fall, so muss sich die Bearbeitung auch mit der Frage des öffentlichen Interesses beschäftigen.**

**Klausurtip**

# Gefährliche Körperverletzung § 224 StGB

## Prüfungsschema zu § 224 StGB

**A. Grundtatbestand des § 223 StGB**
- **I. objektiver Tatbestand des § 223 StGB**
- **II. subjektiver Tatbestand des § 223 StGB**

**B. Qualifizierung des § 224 StGB**
- **I. Objektiver Tatbestand**
  1. **§ 224 I Nr. 1 StGB Beibringung von Gift**
  2. **§ 224 I Nr. 2 StGB mittels Waffe oder gefährlichen Werkzeugs**
  3. **§ 224 I Nr. 3 StGB mittels hinterlistigen Überfalls**
  4. **§ 224 I Nr. 4 StGB mit einem anderen Beteiligten gemeinschaftlich**
  5. **§ 224 I Nr. 5 StGB mittels lebensgefährdender Behandlung**
- **II. subjektiver Tatbestand**
  1. **Vorsatz bzgl. des Grundtatbestandes**
  2. **Vorsatz bzgl. der Qualifizierung (mindestens dol. eventualis)**

**C. Rechtswidrigkeit**

**D. Schuld**

§ 224 StGB ist qualifiziert durch die **besondere Tatausführung**.

## § 224 I Nr. 1 Beibringung von Gift

**Gift** ist

**jeder anorganische oder organische Stoff, der unter bestimmten Bedingungen durch chemische oder chemisch-physikalische Wirkungen die Gesundheit zu schädigen vermag**

**Andere Stoffe** sind solche, die mechanisch oder thermisch wirken, also z.B. heißes Wasser oder gestoßenes Glas.

Da für alle Fälle des § 224 der gleiche Strafrahmen gilt, muss durch die einzelnen Varianten ungefähr gleich intensives Unrecht beschrieben werden. Beim gefährlichen Werkzeug ist die **Eignung zu erheblichen Verletzungen** erforderlich, dementsprechend ist das Gleiche auch für die Schädlichkeit des § 224 I Nr. 1 zu verlangen.

**Beibringen** ist

> **das Herstellen einer Verbindung zwischen dem Stoff und dem Körper, so dass das Gift seine Wirkung entfalten kann**

Streitig ist, ob eine Beibringung auch noch dann vorliegt, wenn der Stoff nur äußerlich verabreicht wird. Nach h.M. ist auch der äußerliche Einsatz ausreichend, nach a.A. reicht äußerliche Verwendung nur dann aus, wenn die Wirkung innerlich ist.

## § 224 I Nr. 2 mittels einer Waffe oder eines gefährlichen Werkzeugs

Die Tatvariante entspricht § 250 I Nr. 1 a StGB (siehe dort).

Eine gefährliche Körperverletzung kann auch durch Zufügung von Brandwunden mit einer glimmenden Zigarette (BGH NStZ 2002, 30; BGH NStZ 2002, 86) oder durch Stülpen einer Plastiktüte über den Kopf des Opfers (BGH StV 2002, 482) erfolgen.

## § 224 I Nr. 3 mittels eines hinterlistigen Überfalls

> **Ein Überfall ist jeder plötzliche, unerwartete Übergriff auf einen Ahnungslosen**

Dabei geht die Anforderung dieses Tatbestandes über diejenigen der Heimtücke nach § 211 StGB hinaus. Hinzukommen muss **Hinterlist**, also

> **ein planmäßiges Verhalten, das auf Verdeckung der wahren Absicht zielt, um dadurch dem Opfer die Abwehr dieses Angriffs zu erschweren**

## § 224 I Nr. 4 mit einem anderen Beteiligten gemeinschaftlich

Hierzu müssen am Tatort mindestens zwei Personen als Mittäter oder Teilnehmer bei der Körperverletzung zusammenwirken. Dies ist der Fall, wenn die Anwesenheit des Gehilfen die Wirkung der Körperverletzungshandlung des Täters bewusst in einer Weise verstärkt, die die Lage des Opfers zu verschlechtern geeignet ist.

## § 224 I Nr. 5 mittels einer das Leben gefährdenden Behandlung

Diese Qualifizierung verlangt, dass der Täter oder ein anderer Beteiligter durch die Tat eine andere Person in eine Situation bringt, die objektiv zur Lebensgefährdung genügt. Es ist also nach h.M. keine konkrete Gefährdung erforderlich, sondern die objektive Eignung des Übergriffs zur Lebensgefährdung genügt.

***Bsp.:*** *Mitschleifen mit einem Fahrzeug.*

## Subjektiver Tatbestand

Auf der subjektiven Seite ist Vorsatz hinsichtlich der Qualifikationen erforderlich, wobei dolus eventualis genügt.

# Schwere Körperverletzung § 226 StGB

## Prüfungsschema zu § 226 StGB

**A. Grundtatbestand des § 223 StGB**

**I. objektiver Tatbestand des § 223 StGB**

**II. subjektiver Tatbestand des § 223 StGB**

**B. Qualifizierung des § 226 StGB**

**I. objektiver Tatbestand**

**1. § 226 I Nr. 1 StGB: Verlust des Sehvermögens, des Gehörs, des Sprachvermögens oder der Fortpflanzungsfähigkeit**

**2. § 226 I Nr. 2 StGB: Verlust oder Unbrauchbarkeit eines wichtigen Körperteils**

**3. § 226 I Nr. 3 StGB: dauernde Entstellung, Siechtum, Lähmung oder geistige Krankheit**

**II. subjektiver Tatbestand**

**1. Vorsatz bzgl. des Grundtatbestandes**

**2. bzgl. der Qualifizierung**

**a. Fahrlässigkeit oder bedingter Vorsatz § 226 I StGB**

**b. Absicht oder Wissen § 226 II StGB**

**C. Rechtswidrigkeit**

**D. Schuld**

§ 226 StGB stellt eine **Erfolgsqualifikation** des Körperverletzungstatbestandes dar. Die einzelnen schweren Folgen sind dabei im Gesetz detailliert beschrieben.

Zur Erfüllung des Tatbestandes genügt der einfache Kausalzusammenhang zwischen der Körperverletzung und der eingetretenen schweren Folge nicht. Vielmehr muss sich die in der Körperverletzung innewohnende spezifische Gefahr gerade in der Verletzungsfolge verwirklicht haben. Die besondere tatbestandsspezifische Gefahr muss sich also in der schweren Folge unmittelbar niedergeschlagen haben (sog. **Unmittelbarkeitszusammenhang** oder **tatbestandsspezifischer Gefahrzusammenhang**). Eine Körperverletzung mit Todesfolge kommt auch dann in Betracht, wenn durch Untätigkeit des Täters die von der Vorschädigung ausgehende Lebensgefahr erheblich erhöht wird (BGH NStZ 2006, 686).

***Bsp.:*** *Der Z schlägt in einem Streit auf den B ein, wobei der B am Arm verletzt wird. B geht zum Arzt A und lässt sich behandeln. Da der A unsauber handelt, entzündet sich die Wunde später und der Arm muss abgenommen werden. –*

*Hier liegt eine Körperverletzung vor; auch eine schwere Folge im Sinne des § 226 I Nr. 2 StGB ist objektiv eingetreten, die auch kausal durch die Schläge des Z ausgelöst worden ist. Allerdings ist diese Folge nicht unmittelbar auf die Körperverletzung zurückzuführen, sondern erst infolge des Eingreifens einer Drittperson - des Arztes - und ist auf dessen fehlerhaftes Vorgehen zurückzuführen. Es fehlt der tatbestandsspezifische Gefahrzusammenhang. Der Z kann daher nicht nach § 226 StGB bestraft werden.*

## Subjektiver Tatbestand

Neben dem - mindestens bedingten - Vorsatz hinsichtlich des Grundtatbestandes der Körperverletzung gem. § 223 StGB wird auf der subjektiven Seite bzgl. der Qualifizierung differenziert:

- handelt der Täter fahrlässig oder mit bedingtem Vorsatz so ist § 226 Absatz 1 StGB gegeben
- handelt der Täter absichtlich oder wissentlich, so greift § 226 Absatz 2 StGB ein.

⇨ **Hinweis:** Auch hier stellt sich für die versuchte schwere Körperverletzung das Problem der Erfolgsqualifikation beim Versuch (dazu siehe die Erläuterungen bei § 251 StGB)

Zur Erfüllung des Tatbestandes des StGB § 226 Abs. 2 reicht es aus, dass der Täter die schwere Körperverletzung als sichere Folge seines Handelns voraussieht. Die Vorschrift ist - etwa nach strafbefreiendem Rücktritt vom Tötungsversuch - auch bei direktem Tötungsvorsatz anwendbar (BGH 2001, 980-981); die entgegenstehende frühere Rechtsprechung ist überholt.

# Körperverletzung mit Todesfolge § 227 StGB

## Prüfungsschema zu § 227 StGB

**A. Grundtatbestand des § 223 StGB**
**I. objektiver Tatbestand des § 223 StGB**
**II. subjektiver Tatbestand des § 223 StGB**
**B. Qualifizierung des § 227 StGB**
**I. Objektiver Tatbestand**
**1. Tod des Opfers**
**2. Verursachung der Todesfolge (Kausalität)**
**3. tatbestandsspezifischer Gefahrzusammenhang zwischen Körperverletzung und Todesfolge**
**II. subjektiver Tatbestand**
**1. Vorsatz bzgl. des Grundtatbestandes**
**2. bzgl. der Qualifizierung mindestens Fahrlässigkeit**
**C. Rechtswidrigkeit**
**D. Schuld**

## Erfolgsqualifikation

§ 227 StGB stellt einen besonderen Fall der **Erfolgsqualifikation** des Körperverletzungstatbestandes dar, bei dem der eingetretene Tod des Opfers Grund für die Strafschärfung ist.

Auch hier ist neben dem Kausalzusammenhang zwischen der Körperverletzung und der eingetretenen schweren Folge der spezielle **Unmittelbarkeitszusammenhang** erforderlich. Das heißt, dass sich in der Todesfolge gerade die in der Körperverletzung innewohnende spezifische Gefahr der Körperverletzungshandlung verwirklicht haben muss (**tatbestandsspezifischer Gefahrzusammenhang**).

## subjektiver Tatbestand

Neben dem - mindestens bedingten - Vorsatz bezogen auf den Grundtatbestand des § 223 StGB wird auf der subjektiven Seite hinsichtlich der Todesfolge mindestens Fahrlässigkeit verlangt (§ 18 StGB).

## Beteiligung an einer Schlägerei § 231 StGB

### Prüfungsschema zu § 231 StGB

| | |
|---|---|
| A. | Objektiver Tatbestand |
| I. | Schlägerei oder |
| II. | ein von mehreren verübter Angriff und |
| III. | Beteiligung an der Schlägerei oder dem Angriff |
| IV. | Vorwerfbarkeit der Beteiligung § 231 Abs. 2 StGB |
| B. | subjektiver Tatbestand: Vorsatz, mindestens dol. ev. |
| C. | Rechtswidrigkeit |
| D. | Schuld |
| E. | objektive Bedingung der Strafbarkeit |
| I. | Eintritt der schweren Folge |
| 1. | Tod eines Menschen |
| 2. | schwere Körperverletzung iSd § 226 StGB |
| II. | tatbestandsspezifischer Gefahrenzusammenhang zwischen Schlägerei bzw. Angriff und der schweren Folge |

**Schlägerei ist der tätliche Streit mit gegenseitigen Körperverletzungen zwischen mindestens 3 Personen**

Dabei ist nicht erforderlich, dass zumindest 3 der Personen auch schuldhaft und damit strafbar an der Auseinandersetzung teilgenommen haben.

**Beteiligt** ist jeder, der am Tatort anwesend ist und in feindseliger Weise an den Tätlichkeiten teilnimmt.

***Bsp.**: Nach einem Volksfest kommt es auf dem Dorfplatz zur heftigen Keilerei zwischen A, B und C. Der Z steht daneben, feuert aber durch Zurufen die Streithähne an. Die Fäuste fliegen, und schließlich geht der C zu Boden. Als er im Krankenhaus aufwacht, ist er gelähmt. -*

*A, B und C sind Beteiligte an der Schlägerei. Die bei C eingetretene schwere Folge müssen sich A und B entgegenhalten lassen, da sie mitgeprügelt haben. Fraglich ist, ob auch der Z sich durch sein Anfeuern beteiligt hat. Dies ist nach h.M. zu bejahen, da auch ein psychischer oder geistiger Beitrag ausreicht.*

Nicht beteiligt sind lediglich solche Personen, die sich als Zuschauer passiv verhalten, die die Streitenden zu trennen versuchen oder die sich als Angegriffene auf die Abwehr eines Angriffs (Schutzwehr) beschränken.

Die Strafbarkeit entfällt, wenn der Täter an der Schlägerei oder dem Angriff zwar beteiligt war, dies ihm aber nicht vorgeworfen werden kann. Diese Vorwerfbarkeit der Beteiligung kann z.B. aufgrund einer Notwehrlage entfallen. Dabei ist § 231 Abs. 2 StGB nach h.M. ein objektives Tatbestandsmerkmal.

## subjektiver Tatbestand

Der subjektive Tatbestand erfordert neben der willentlichen Mitwirkung die Kenntnis, dass eine Schlägerei oder ein Angriff mehrerer vorliegt. Dabei reicht dolus eventualis aus.

## Objektive Bedingung der Strafbarkeit

Objektive Bedingung der Strafbarkeit ist der Eintritt der schweren Folge, also des Todes eines Menschen oder einer schweren Körperverletzung iSd § 226 StGB. Dabei muss dem Täter hinsichtlich dieser schweren Folge nicht einmal der Vorwurf der Fahrlässigkeit gemacht werden.

Die schwere Folge muss aber in einem ursächlichen Zusammenhang zu der Schlägerei oder dem Angriff stehen. Dazu reicht aus, dass dieser Erfolg auf die Schlägerei oder den Angriff zurückzuführen ist und es sich dabei um die tatbestandsspezifische Folge handelt.

## Fahrlässige Körperverletzung § 229 StGB

### Tatbestandsvoraussetzungen

Erforderlich sind hier eine **Sorgfaltspflichtverletzung des Täters** und eine damit zusammenhängende **Körperverletzung als Taterfolg** sowie auf der subjektiven Seite der Fahrlässigkeitsvorwurf an den Täter.

Eine selbstverantwortliche **Eigengefährdung** des Opfers schließt den Fahrlässigkeitsvorwurf aus.

***Bsp:*** *Der Dealer D verkauft dem X Drogen. X ist von seinen Freunden und Verwandten schon mehrfach vor den Risiken gewarnt worden. Versehentlich setzt sich X eine Überdosis und stirbt.*

Es liegt keine fahrlässige Verursachung des Todes vor, wenn der Drogenkonsument im Stande ist, die Risiken sachgerecht abzuwägen weiß und er auch ansonsten weder alkoholisiert noch in irgendeiner Weise erkrankt ist. Insoweit handelt es sich um eine eigenverantwortliche Selbstgefährdung (BGH NJW 2000, 2286). Offen gelassen hat der BGH die Frage, ob § 229 StGB verwirklicht wird, wenn der sich selbst Gefährdende außerstande war, die Risiken seines Handelns sachgerecht abzuwägen oder der Verlockung zum Drogenkonsum viel Widerstand entgegenzusetzen. Ebenso auch die Frage, was gilt, wenn denjenigen, der sich an der Selbstgefährdung eines eigenverantwortlich Handelnden aktiv beteiligt, Garantenpflichten für dessen Leib oder Leben treffen.

### Antragserfordernis § 230 StGB

Die Tat wird nur auf Antrag verfolgt, es sei denn, die Strafverfolgungsbehörde bejaht ein besonderes öffentliches Interesse.

## Körperverletzung im Amte § 340 StGB

Dieser Tatbestand ist ein Sonderdelikt, dessen Täter nur ein Amtsträger sein kann. Tathandlung ist eine Körperverletzung, die der Amtsträger während der Ausübung seines Dienstes oder außerhalb einer solchen Zeit, aber in Beziehung auf seinen Dienst begeht.

## Wiederholungsfragen zu den Körperverletzungsdelikten

| | |
|---|---|
| 1. Definieren Sie die körperliche Misshandlung. | Körperliche Misshandlung ist jede unangemessene Behandlung, durch die das Opfer in seinem körperlichen Wohlbefinden oder in seiner körperlichen Unversehrtheit nicht unerheblich beeinträchtigt wird. |
| 2. Ist bei der Körperverletzung eine gewisse Intensität erforderlich? | Ja. Das körperliche Wohlbefinden bzw. die körperliche Unversehrtheit müssen nicht unerheblich beeinträchtigt worden sein. Übergriffe mit Bagatellcharakter scheiden damit aus. |
| 3. Beinhaltet der Tötungsvorsatz auch den Verletzungsvorsatz? | Nach der früher vertretenen Gegensatztheorie war dies ausgeschlossen, nach der heute vertretenen Einheitstheorie ist der Körperverletzungsvorsatz im Tötungsvorsatz enthalten. |
| 4. Wodurch ist § 224 StGB qualifiziert? | Der höhere Strafrahmen des § 224 StGB ergibt sich aus der besonderen Tatausführung. |
| 5. Kann durch ein äußerlich angewandtes Kontaktgift § 224 StGB erfüllt werden? | Streitig ist, ob eine Beibringung auch noch dann vorliegt, wenn der Stoff nur äußerlich verabreicht wird. Nach h.M. ist auch der äußerliche Einsatz ausreichend, nach a.A. reicht äußerliche Verwendung nur dann aus, wenn die Wirkung innerlich ist. Da ein Kontaktgift innerliche Wirkungen entfaltet, ist nach beiden Ansichten der Tatbestand erfüllt. |
| 6. Was ist bei § 226 StGB hinsichtlich der Kausalität erforderlich? | In der Folge muss sich die typische Gefahr der Körperverletzung verwirklichen. Fehlt es an diesem Unmittelbarkeitszusammenhang, liegt § 226 StGB nicht vor. |
| 7. Was ist Grund für die Strafschärfung des § 227 StGB? | Grund für die Strafschärfung des § 227 StGB ist der eingetretene Tod des Opfers. |
| 8. Welche subjektiven Voraussetzungen verlangt § 227 StGB? | Erforderlich ist einmal Vorsatz zum Grunddelikt des § 223 StGB, wobei bedingter Vorsatz ausreicht. Bezogen auf die Todesfolge muss der Täter mindestens fahrlässig gehandelt haben (§ 18 StGB). |
| 9. Wann liegt eine Schlägerei im Sinne des § 231 StGB vor? | Schlägerei ist der tätliche Streit mit gegenseitigen Körperverletzungen zwischen mindestens 3 Personen. |
| 10. Muss der Täter bei § 231 StGB Vorsatz bzgl. der schweren Folge haben? | Nein. Es ist keine subjektive Beziehung des Täters zu den Folgen erforderlich. Die schwere Folge muss lediglich in einem ursächlichen Zusammenhang zu der Schlägerei oder dem Angriff stehen. Dazu reicht aus, dass dieser Erfolg auf die Schlägerei oder den Angriff zurückzuführen ist und sich dabei um die tatbestandsspezifische Folge handelt. |

# 3. Kapitel
# Nötigungsdelikte

## Nötigung § 240 StGB

### Prüfungsschema zu § 240 StGB

A. Tatbestand
- I. objektiver Tatbestand:
  - 1. Nötigungsmittel
    - a. Gewalt
    - b. Drohung mit einem empfindlichen Übel
  - 2. kausaler Nötigungserfolg: Handlung, Duldung oder Unterlassen
- II. subjektiver Tatbestand: Vorsatz

B. Rechtswidrigkeit
- I. keine Rechtfertigungsgründe
- II. Verwerflichkeit nach der Zweck-Mittel-Relation § 240 II StGB

C. Schuld

D. Besonders schwerer Fall § 240 IV StGB

### Nötigungsmittel

**Gewalt im Sinne des § 240 StGB ist**

> **die durch eine gegenwärtige Beeinträchtigung erzeugte und sich beim Betroffenen körperlich auswirkende Auslösung eines Zwanges. Die Beeinträchtigung kann dabei psychischer oder physischer Natur sein**

Dagegen scheidet Gewalt aus, wenn das Verhalten des Täters allein in der körperlichen Anwesenheit besteht und die Zwangseinwirkung auf das Opfer ausschließlich psychischer Natur ist.

Die vom Täter erstrebte Handlung des Opfers muss über eine mit einer Körperverletzungshandlung verbundene Beeinträchtigung hinausgehen (BGH NStZ-RR 2006, 77).

**Hinweis:** **Die Gewaltproblematik ist in Rechtsprechung und Literatur intensiv diskutiert worden. Bitte beachten Sie, dass nach der 2. Sitzblockade-Entscheidung des Bundesverfassungsgerichts (BVerfGE 92,18) ein Großteil der alten Fundstellen nur noch eingeschränkt verwendbar sind.**

Kritische Fallgruppen im Rahmen des Nötigungstatbestandes sind die Sitzblockaden im Rahmen von Demonstrationen. Nach der Entscheidung des Bundesverfassungsgerichtes liegt Gewalt nicht vor, wenn sie nur in körperlicher Anwesenheit besteht und die Zwangswirkung auf den Genötigten nur psychischer Natur ist.

Lediglich passives Verhalten ist demnach keine Gewalt. Bloßes Sitzen, Stehen oder Gehen mit der Wirkung, dass damit das Erreichen oder Passieren des Ortes faktisch unmöglich gemacht wird, erfüllt folglich § 240 StGB nicht.

Gewalt ist dagegen anzunehmen, wenn darüber hinaus aktiver Widerstand ausgeübt wird wie z.B. durch Einhaken in eine Menschenkette, nachhaltiges Dagegenstemmen oder Schlagen, um das Wegtragen zu verhindern.

Allein durch das Versperren der Fahrbahn mit ausgebreiteten Armen und den auf den herannahenden Autofahrer ausgeübten Zwang zum Anhalten ist der Nötigungstatbestand nicht erfüllt. Eine Nötigung ist aber gegeben, wenn der Täter sich anschließend, nachdem die Geschädigte wieder anfahren wollte, mit seinem Körper auf die Motorhaube des Pkw legte. Damit hat er unter Einsatz seines Körpers und unter Entfaltung gewisser Körperkraft auch ein physisches Hindernis geschaffen, von dem auf den Autofahrer nicht nur eine psychische Zwangswirkung durch bloße Anwesenheit ausging (BGH StV 2002, 360).

Dagegen soll Drängeln im Straßenverkehr (längeres dichtes Auffahren, Betätigung der Lichthupe, massives Bedrängen usw.) ebenso Nötigung sein können (OLG Köln DAR 2007, 39; OLG Hamm NZV 2006, 388) wie schikanöses Ausbremsen (KG VRS 111, 140) – systematisch mit den vorgenannten Grundsätzen und der Gewaltdefinition (s.o.) nicht wirklich vereinbar, sondern eher willkürlich feindbildbezogen.

Anders als bei § 249 StGB braucht sich die Gewalt nicht gegen eine Person zu richten, sondern es reicht auch die Gewalt gegen Sachen aus.

Bei Gewaltanwendung gegen einen Dritten genügt es, dass sie sich mittelbar gegen die Person des Genötigten richtet.

***Bsp.:*** *Der X hält der Ehefrau E des K eine geladene Pistole an den Kopf, damit der K im Strafprozess gegen den X nicht als Zeuge aussagt. – Hier liegt in dem Vorhalten der Pistole eine Gewaltanwendung gegen die E. Diese Gewaltanwendung wirkt sich aber mittelbar auch gegen den K als Ehemann aus.*

**Drohung ist**

> **das Inaussichtstellen eines künftigen Übels, auf dessen Eintritt der Drohende Einfluss hat oder zu haben vorgibt. Bei § 240 StGB muss ein empfindliches Übel angedroht werden**

**Empfindlich** ist ein Übel dann, wenn der in Aussicht gestellte Nachteil von solcher Erheblichkeit ist, dass seine Ankündigung geeignet ist, das bezweckte Verhalten so zu veranlassen.

Der Täter kann auch mit einem **Unterlassen** drohen.

> ***Bsp.:*** *X entdeckt in seinem Haus einen Wasserrohrbruch. Aus dem Telefonbuch sucht er einen Handwerker H heraus. H fordert, bei X angekommen, dort erst einmal eine zusätzliche Zahlung von 50 EUR bar auf die Hand, sonst werde er nichts tun. Der X zahlt zähneknirschend. - Der H macht seine Reparaturarbeiten von einer zusätzlichen Zahlung abhängig, er droht also damit, die von ihm erwarteten Arbeiten zu unterlassen.*

Fraglich ist, ob man für die Drohung mit einem Unterlassen die Grundsätze des Unterlassungsdeliktes anwenden und dementsprechend eine Pflicht zum Handeln fordern muss.

> ***Bsp.:*** *Verlangte man dies, so wäre der H im vorangehenden Bsp. nur strafbar nach § 240 StGB; wenn er zur Reparatur verpflichtet gewesen ist. Hier kann eine Garantenstellung des H nicht hergeleitet werden, da auch keine vorherigen vertraglichen Beziehungen zwischen X und H bestanden haben. Folglich wäre § 240 StGB zu verneinen.*

Der Bundesgerichtshof (BGHSt 31, 195) und die h.L. bewerten die Drohung mit einem Unterlassen dagegen als Begehungsdelikt, denn die Drohung wird durch aktives Tun vorgebracht. Dementsprechend ist keine Garantenstellung zur Begründung der Strafbarkeit erforderlich; es macht also keinen Unterschied, ob das angekündigte Verhalten rechtlich geboten ist oder nicht. Es reicht für § 240 StGB aus, wenn der Täter sozialwidrig die Unterlassung als Drohung zu dem Zweck einsetzt, den widerstrebenden Willen des Opfers in eine bestimmte Richtung zu leiten.

> ***Bsp.:*** *Der getrennt lebende Ehemann M droht seiner Ehefrau F, er werde ihr keinen Unterhalt zahlen, wenn sie nicht in den Verkauf des gemeinsamen Hauses einwillige. –*
>
> *Dieser Fall macht deutlich, dass der h.M. zu folgen ist. Es kann keinen Unterschied machen, ob der M droht, er werde die Unterhaltszahlungen einstellen (Drohung mit einem aktiven Tun) oder er werde keinen Unterhalt zahlen (Drohung mit einem Unterlassen). Daher kommt es nicht darauf an, ob das angekündigte Verhalten rechtlich geboten ist oder nicht. Der M benutzt hier sozialwidrig die Unterlassung als Drohung, um den widerstrebenden Willen des Opfers in eine bestimmte Richtung zu leiten.*

Allerdings kann auch die **Nötigungshandlung** in einem **Unterlassen** bestehen.

***Bsp.:*** *Der Kaufhausdetektiv D hat eine Kundin K beim Diebstahl einer CD beobachtet. Im Vernehmungsraum fordert er sie zur Herausgabe der CD auf, die sie in der Kleidung versteckt hat. Als die K sich weigert, droht er ihr, sie auszuziehen, um nach der CD zu suchen. Die K gibt daraufhin die CD heraus. Bei der Vernehmung ist der X, der Chef des K anwesend. Er bleibt untätig. –*

*Bei D liegt eine Drohung durch aktives Tun vor; § 240 StGB ist gegeben. Der X bleibt untätig; er unterlässt es, gegen das rechtswidrige Vorgehen des D einzuschreiten. Als dessen Vorgesetzter ist X auch Garant. Der X ist nach §§ 240, 13 StGB strafbar.*

## Nötigungserfolg

Der Nötigungserfolg besteht aus einer Handlung, Duldung oder Unterlassung. Dabei muss keine Handlung im Rechtssinne vorliegen, sondern es genügt jedes Verhalten, das kausal auf das Nötigungsmittel zurückzuführen ist.

***Bsp.:*** *Der A schließt seinen Nachbarn N, der auf dem Sofa schläft, ein. A will damit verhindern, dass der N am Abend der Frau des A nachstellt, wenn der A zur Nachschicht geht. Am nächsten Morgen öffnet der A wieder die Türe. A weiß nicht, dass der N ziemlich betrunken war und von der ganzen Aktion nichts gemerkt, sondern die ganze Nacht durchgeschlafen hat.*

*Eine vollendete Nötigung scheidet aus, da kein Nötigungserfolg eingetreten ist, denn es fehlt an jeder willensgetragenen Reaktion des A auf die Nötigungshandlung. Zwar hat sich der A nicht vom Sofa weg bewegt; das ist aber nicht auf das Einschließen als Nötigungshandlung zurückzuführen, sondern auf seinen Rausch. A ist nur wegen versuchter Nötigung strafbar.*

## Subjektiver Tatbestand

Hinsichtlich des Nötigungsmittels ist Vorsatz in Form des dolus eventualis ausreichend. Beim Nötigungserfolg reicht nach h.M. ebenfalls bedingter Vorsatz aus, während die Gegenansicht dolus directus 1. Grades fordert.

## Rechtswidrigkeit

Bei der Rechtswidrigkeit sind zuerst die allgemeinen **Rechtfertigungsgründe** zu prüfen. Liegen keine Rechtfertigungsgründe vor, dann ist die **Verwerflichkeit nach der Zweck-Mittel-Relation** § 240 Abs. 2 StGB zu erörtern.

Dies erfolgt in mehreren Stufen:

- Ist das Mittel als solches Unrecht (wie z.B. die Begehung einer anderen Straftat durch den Täter) oder erlaubt (z.B. die Drohung mit einer Strafanzeige)

- Ist der Zweck als solcher rechtswidrig (z.B. die Begehung einer Straftat durch den Genötigten) oder billigenswert (z.B. die Verhinderung einer Straftat des Genötigten)
- ist der Einsatz des konkreten Mittels zu diesem Zweck rechtswidrig, weil Zweck und Mittel in keinem Zusammenhang stehen oder in der Gewichtigkeit und Schwere nicht zusammenpassen.

Problematisch ist in diesem Zusammenhang die Drohung, eine Strafanzeige zu erstatten. Grundsätzlich ist die Drohung mit der Strafanzeige ein erlaubtes Mittel.

***Bsp.:*** *Der Filialleiter S der B-Bank hat bemerkt, dass die Kassiererin K Geld aus der Kasse genommen hat. Er droht ihr mit einer Strafanzeige,*

*a) wenn sie das Geld nicht wieder zurückgebe*

*b) wenn sie nicht ein Verhältnis mit ihm anfange*

*c) wenn sie dem S nicht ein privat gewährtes bereits fälliges Darlehen sofort zurückzahle.*

*In Variante a) ist der Zweck - Rückführung des Geldes - nicht zu beanstanden. Dagegen ist schon der verfolgte Zweck bei Fall b) nicht billigenswert. In Variante c) sind dagegen sowohl Mittel als auch Zweck für sich betrachtet nicht zu beanstanden. Verwerflich ist allerdings die Verknüpfung der beiden Sachverhalte, die in keinem inneren Zusammenhang stehen, denn der S nutzt hier nur die sich ihm bietende günstige Gelegenheit aus.*

Bei politisch motivierten **Blockadeaktionen**, die den objektiven Tatbestand einer Nötigung erfüllen, ist nach der 3. Sitzblockade-Entscheidung des Bundesverfassungsgerichts vom 24.10.2001 der Bedeutung des Art. 8 GG Rechnung zu tragen. Ob dabei eine Strafbarkeit vorliegt, ist letztlich auch vom verfolgten Zweck abhängig. Geht es vorrangig um die Kundgebung einer Meinung oder Erregung öffentlicher Aufmerksamkeit oder steht die Verhinderung des Zugangs oder Zufahrt im Vordergrund?

## Besonders schwerer Fall § 240 IV StGB

Bei § 240 Abs. 4 handelt es sich um eine Strafzumessungsregel für einen besonders schweren Fall der Nötigung, in der Regelbeispiele genannt sind.

# Freiheitsberaubung § 239 StGB

## Prüfungsschema zu § 239 StGB

**A. Tatbestand**

**I. objektiver Tatbestand: Tathandlung**

**1 .Einsperren oder**

**2. Berauben der persönlichen Freiheit auf andere Weise**

**II. subjektiver Tatbestand: Vorsatz**

**B. Rechtswidrigkeit**

**C. Schuld**

**D. Erfolgsqualifizierung § 239 Abs. 3, Abs. 4 StGB**

## Tathandlung

Tathandlung ist das **Einsperren** oder das **Berauben der persönlichen Freiheit auf andere Weise**.

***Bsp.:*** *Der F nimmt die Anhalterin A in seinem Auto mit. Nachdem er einige anzügliche Bemerkungen macht, wird es der A mulmig und sie möchte aussteigen. Der F erhöht die Geschwindigkeit seines Fahrzeuges. –*

*Die Bewegungsfreiheit der A wird durch den F in sonstiger Weise eingeschränkt, indem er weiterfährt und so verhindert, dass die F das Fahrzeug verlassen kann. § 239 StGB wird durch Berauben der persönlichen Freiheit auf andere Weise erfüllt (BGH DAR 2005, 691).*

Ein Einsperren im Sinne des StGB § 239 Abs. 1 muss nicht unüberwindlich sein. Es genügt, dass die Benutzung der zum regelmäßigen Ausgang bestimmten Vorrichtungen für den Zurückgehaltenen ausgeschlossen erscheint. Dazu kann es ausreichen, dass für ihn unter den gegebenen Umständen die Entfernung auf außergewöhnlichem Wege oder mit ungewöhnlichen Mitteln nicht in Betracht kommt.

**Freiheit im Sinne des § 239 StGB** ist die Möglichkeit, einen bestimmten Ort zu verlassen, also die **Fortbewegungsfreiheit**. Wird das Opfer nur gehindert, einen bestimmten Ort zu betreten, so greift § 239 StGB nicht ein.

***Bsp.:*** *Die Umweltschützer U und X protestieren vor dem Bürogebäude des Ölkonzerns gegen die letzte Tankerkatastrophe und die dadurch ausgelöste Ölpest. Der Angestellte A kann daher sein Büro im Hause nicht betreten. –*

*U und X begehen hier keine Freiheitsberaubung, da der A ungehindert zu anderen Orten gelangen kann. Allerdings kann Nötigung gegeben sein.*

Taugliches **Tatobjekt** ist jede Person, die einen Entschluss fassen kann, sich von dem aktuellen Ort fortzubewegen, und eine solche Möglichkeit hat, diese Ortsveränderung zu realisieren.

***Bsp.:*** *Die Altenpflegerin A betreut den O, der gelähmt in seinem Bett liegt. Am Abend verschließt sie dessen Zimmertüre. –*

*Hier fehlt es dem O schon unabhängig von der abgeschlossenen Zimmertüre an der realen Möglichkeit der Ortsveränderung, da er aufgrund seiner Erkrankung sein Bett nicht verlassen kann.*

Bei **Schlafenden** und **Bewusstlosen** ist umstritten, ob hier der potentielle und mutmaßliche Wille des Schlafenden ausreicht oder ob wegen des nicht aktualisierbaren Fortbewegungswillens Freiheitsberaubung ausscheidet.

***Bsp.:*** *Der A will verhindern, dass sein Nachbar N weiterhin seiner Frau nachstellt. Daher verschließt er die Tür zu dem Zimmer, in dem sich der N aufhält. A weiß nicht, dass der N stark getrunken hat und fest auf der Couch schläft. Am nächsten Morgen öffnet der A wieder die Türe. Bis dahin hat der N fest geschlafen und nichts vom Einsperren gemerkt. – Erforderlich ist nicht der aktuelle Wille zur Ortsveränderung, sondern nur der potentielle Wille und die sonst bestehende Möglichkeit der Ortsveränderung. Stellte man nicht auf den potentiellen oder mutmaßlichen Willen zur Ortsveränderung ab, wäre im Zeitpunkt des Einschließens lediglich ein Versuch des § 239 StGB gegeben und erst beim Aufwachen des Opfers Vollendung.*

## Taterfolg

Taterfolg ist auch der - nur vorübergehende - Verlust der persönlichen Fortbewegungsfreiheit.

Das Einverständnis des Opfers schließt den Tatbestand aus.

Eine Unterlassungstäterschaft ist möglich, wenn der Täter Garant des Opfers ist.

## Subjektiver Tatbestand

Der Täter muss hinsichtlich aller Tatbestandsmerkmale mit - mindestens bedingtem - Vorsatz handeln.

## Erfolgsqualifizierung

Die Vorschrift sieht in § 239 Abs. 3 und Abs. 4 StGB eine Erfolgsqualifizierung vor.

# Widerstand gegen Vollstreckungsbeamte § 113 StGB

## Prüfungsschema zu § 113 StGB

A. **Tatbestand**
- I. **objektiver Tatbestand:**
  1. **geschützter Personenkreis**
  2. **Tathandlung**
     - a. **Widerstand leisten durch Gewalt oder durch Drohung mit Gewalt oder**
     - b. **tätlicher Angriff**
- II. **subjektiver Tatbestand: Vorsatz**

B. **Rechtswidrigkeit**

C. **Schuld**

D. **Objektive Bedingung der Strafbarkeit: Rechtmäßigkeit der Vollstreckungshandlung**

E. **Besonders schwere Fälle § 113 Abs. 2 StGB**

## Geschützter Personenkreis

Zum geschützten Personenkreis gehören **Amtsträger** im Sinne des § 11 Abs. 1 Nr. 2 StGB, die zur **Vollstreckung von Gesetzen, Urteilen, Gerichtsbeschlüssen oder Verfügungen berufen** sind. Es muss sich dabei um einen **inländischen Amtsträger** handeln. Die geschützte Person muss sich bei der Vornahme einer solchen Handlung befunden haben. Die konkrete, auf den Einzelfall bezogene Diensthandlung muss unmittelbar bevorstehen, gerade stattfinden oder schon vollendet, aber noch nicht beendet sein. Dieses Merkmal ist im zeitlichen Umfang vergleichbar mit dem Merkmal der Gegenwärtigkeit des Angriffs bei der Notwehr.

***Bsp.**: Der Gerichtsvollzieher G ist auf dem Weg zu seinem Büro. Unterwegs sieht ihn der Schuldner S, gegen den er vor zwei Wochen vollstreckt hat. Der S greift den G an und verprügelt ihn. – Der G ist als Gerichtsvollzieher Amtsträger. Er war jedoch gerade nicht in einer konkreten Vollstreckungsmaßnahme tätig, sondern auf dem Weg in sein Büro. Der Angriff auf den G erfolgte daher nicht bei der Vornahme einer Diensthandlung und erfüllt daher nicht den Tatbestand des § 113 StGB.*

***Bsp.:** Die Polizeibeamten A und B fahren mit ihrem Wagen Streife. Der Punker P fühlt sich belästigt und wirft eine Bierdose auf die Beamten. - Auch hier fehlt es an der konkreten Vollstreckungshandlung, so dass § 113 StGB ausscheidet.*

***Bsp.:** A und B nehmen den Ladendieb D auf frischer Tat fest. Sie setzen ihn in den Streifenwagen, um ihn in den Polizeigewahrsam zu bringen. Als A und B sich in den Streifenwagen setzen, schlägt D auf die Beamten ein. – Die Festnahme des D stellt eine konkrete Vollstreckungshandlung dar, die auch im Zeitpunkt des Übergriffs des D noch nicht beendet ist, sondern andauert. Es liegt daher § 113 StGB vor.*

**Widerstandleisten ist jede aktive Tätigkeit zur Verhinderung oder Erschwerung der Diensthandlung, und zwar durch Gewalt gegen die Person des Amtsträgers oder durch Drohung mit Gewalt.**

**Tätlicher Angriff ist jede feindselige, unmittelbar auf den Körper des Amtsträgers abzielende Aktivität.**

§ 113 StGB setzt immer ein **aktives Tun** voraus, so dass - anders als bei § 240 StGB - eine Unterlassenstäterschaft ausscheidet.

Der Täter muss nach h.M. nicht die Person sein, gegen die sich die Vollstreckung richtet.

Die Widerstandshandlung muss gerade darauf gerichtet sein, die Diensthandlung zu verhindern oder zu erschweren. Demgegenüber ist beim tätlichen Angriff als Auffangtatbestand nicht erforderlich, dass der Täter die Diensthandlung beeinträchtigen will.

## Subjektiver Tatbestand

Der Täter muss hinsichtlich aller Tatbestandsmerkmale mit - mindestens bedingtem - Vorsatz handeln.

## Objektive Bedingung der Strafbarkeit

Fehlt es an der Rechtmäßigkeit der Vollstreckungshandlung, ist die Tat nicht strafbar (§ 113 Abs. 3 Satz 1 StGB).

Hierbei handelt es sich nach h.M. um eine objektive Bedingung der Strafbarkeit

BGHSt 21, 365

Teile der Literatur sehen dagegen die Rechtmäßigkeit der Amtsausübung als Tatbestandsmerkmal an.

Schönke-Schröder-Eser, § 113 Rdnr. 20

Die Diensthandlung ist rechtmäßig, wenn der Amtsträger örtlich und sachlich zuständig ist, die wesentlichen Förmlichkeiten des Ob und Wie der fraglichen Maßnahme beachtet, ein ihm eingeräumtes Ermessen sachgerecht ausgeübt und sich bei gegebenen Weisungen in deren Rahmen bewegt.

## Wiederholungsfragen zu den Nötigungsdelikten

| | |
|---|---|
| 1. Muss bei § 240 StGB Gewalt gegen eine Person eingesetzt werden? | Es reicht Gewalt gegen Sachen aus. Dadurch unterscheidet sich § 240 StGB von § 249 StGB (Raub), bei dem sich die Gewalt gegen eine Person richten muss. |
| 2. Kann sich die Gewalt auch gegen eine Dritte Person richten oder muss die Gewalt gegen das Opfer der Nötigung gezielt sein? | Bei Gewaltanwendung gegen einen Dritten genügt es, dass sie sich mittelbar gegen die Person des Genötigten richtet. |
| 3. Reicht die bloße Gewaltanwendung aus, um den Nötigungstatbestand zu erfüllen? | Nein, es muss auch ein Nötigungserfolg eingetreten sein (Vollendung) oder zumindest gewollt werden. |

4. Worin kann der Nötigungserfolg bestehen?

Aus einer Handlung, Duldung oder Unterlassung.

5. Welche Anforderungen sind an das Verhalten zu stellen?

Es genügt jedes Verhalten, das kausal auf das Nötigungsmittel zurückzuführen ist; es muss keine Handlung im Rechtssinne vorliegen

6. Welche Besonderheiten ergeben sich bei der Rechtswidrigkeit der Nötigung?

Bei der Rechtswidrigkeit sind zuerst die allgemeinen Rechtfertigungsgründe zu prüfen. Wenn keine Rechtfertigungsgründe vorliegen, ist die Verwerflichkeit nach der Zweck-Mittel-Relation § 240 Abs. 2 StGB zu erörtern

7. Wie kann sich die Rechtswidrigkeit aus der Zweck-Mittel-Relation ergeben?

Es kann entweder das eingesetzte Mittel oder der verfolgte Zweck die Rechtswidrigkeit begründen. Auch die unangemessene Verknüpfung eines an sich zulässigen Mittels zur Verfolgung eines allgemein zulässigen Zieles kann die Rechtswidrigkeit ergeben.

8. Definieren Sie den Begriff der Freiheit in § 239 StGB. – Was genügt danach nicht?

Freiheit im Sinne dieser Vorschrift ist die Fortbewegungsfreiheit, einen bestimmten Ort zu verlassen. Wird das Opfer nur gehindert, einen bestimmten Ort zu betreten, so liegt § 239 StGB nicht vor.

9. Kann auch bei einem Bewusstlosen Freiheitsberaubung begangen werden?

Das ist umstritten. Erforderlich ist nur der potentielle Wille und die sonst bestehende Möglichkeit der Ortsveränderung. Allerdings wird bei Bewusstlosen und Schlafenden teilweise vertreten, der Fortbewegungswille sei nicht aktualisierbar, so dass vollendete Freiheitsberaubung verneint wird. Die Gegenansicht bejaht auch hier vollendeten § 239 StGB.

10. Welche Tathandlungen ahndet § 113 StGB?

Bestraft werden das Widerstandleisten und der tätliche Angriff. Widerstand leistet, wer aktiv zur Verhinderung oder Erschwerung der Diensthandlung handelt. Tätlicher Angriff ist jede feindselige, unmittelbar auf den Körper des Amtsträgers abzielende Aktivität.

11. Wen schützt § 113 StGB?

Die Norm schützt Amtsträger im Sinne des § 11 Abs. 1 Nr. 2 StGB die zur Vollstreckung von Gesetzen, Urteilen, Gerichtsbeschlüssen oder Verfügungen berufen sind.

12. Wer kann Täter des § 113 StGB sein?

Täter kann jeder sein. Es muss nicht derjenige sein, gegen den sich die Vollstreckungsmaßnahme richtet.

13. Welche Bedeutung hat die Rechtmäßigkeit der Diensthandlung bei § 113 StGB?

Es handelt sich hierbei nach h.M. um eine objektive Bedingung der Strafbarkeit. Ist die Diensthandlung objektiv nicht rechtmäßig, so scheidet die Strafbarkeit aus. Fehlvorstellungen des Täters sind aber für den Vorsatz unerheblich, da sich der Vorsatz nicht auf dieses Merkmal beziehen muss. § 113 Abs. 4 StGB beinhaltet eine eigenständige Irrtumsregelung.

# 4. Kapitel

# Raub und Erpressung

## Raub § 249 StGB

### Prüfungsschema zu § 249 StGB

A. Tatbestand
- I. objektiver Tatbestand
  - 1. Diebstahlskomponente:
    - a. fremde bewegliche Sache und
    - b. Wegnahme
  - 2. Nötigungskomponente
    - a. Gewalt gegen eine Person oder
    - b. Drohung mit gegenwärtiger Gefahr für Leib oder Leben
  - 3. Nötigung als Mittel der Wegnahme
- II. subjektiver Tatbestand
  - 1. Vorsatz hinsichtlich aller Merkmale des objektiven Tatbestandes
  - 2. Absicht, sich oder einem Dritten die Sache rechtswidrig zuzueignen
    - a. Zueignungsabsicht
    - b. objektive Rechtswidrigkeit der Zueignung
    - c. Vorsatz bzgl. dieser Rechtswidrigkeit

B. Rechtswidrigkeit

C. Schuld

**Raub ist die Kombination der Delikte Diebstahl und Nötigung**

### Diebstahlskomponente

Der Tatbestand des Raubes verlangt die volle Verwirklichung des Diebstahlstatbestandes in objektiver und subjektiver Hinsicht.

Siehe dazu JURISTISCHE GRUNDKURSE, Band 9, Strafrecht BT-1

**Klausurtip**

**Die umfassende Kenntnis der Tatbestandsvoraussetzungen des Diebstahls und der dort bestehenden Probleme ist extrem klausurrelevant. Sie sollten an dieser Stelle Ihr Wissen überprüfen und die Wiederholungsfragen zum Diebstahl (Band BT 1) noch einmal sorgfältig durchgehen.**

## Wegnahme oder Verfügung

Der Raub zeichnet sich demnach dadurch aus, dass dem Opfer etwas **weggenommen** wird. Demgegenüber wird bei der Erpressung (§ 253 StGB) das Opfer dazu genötigt, etwas **wegzugeben (Verfügung).**

> ***Bsp.:*** *Der Z schlägt den B nieder und nimmt ihm seine Geldbörse ab. - Hier ist die Situation eindeutig. Es liegt ein Gewahrsamsbruch durch Z vor, den dieser mit seiner Gewaltanwendung vorbereitet und ermöglicht hat. Raub ist gegeben.*

Die Abgrenzung ist jedoch im Einzelfall schwierig und umstritten. Fraglich ist, ob es bei dieser Abgrenzung auf das **äußere Erscheinungsbild** ankommt (so die Rechtsprechung) oder auf die **innere Willensrichtung** des Opfers (so die herrschende Lehre).

> ***Bsp.:*** *X droht dem A mit einem Holzknüppel und zwingt ihn, seine Geldbörse abzugeben. – Nach dem äußeren Erscheinungsbild liegt hier keine Wegnahme vor, da der X sich die Geldbörse nicht selber verschafft, sondern sich geben lässt. Nach der Rechtsprechung wäre daher hier auf der Grundlage des äußeren Erscheinungsbildes keine Wegnahme und damit auch kein Raub gegeben. Die h.L. kommt zum gegenteiligen Ergebnis. Der X hat gar keine andere Möglichkeit; er kann daher in der konkreten Situation gar nicht frei verfügen; nach dieser Ansicht liegt Raub vor.*

**Diese Abgrenzungsproblematik zwischen Diebstahl bzw. Raub und den Erpressungsdelikten ist sehr klausurrelevant und sollte unbedingt beherrscht werden!**

**Klausurtip**

## Gewalt gegen eine Person

**Gewalt ist ein körperlich wirkender Zwang zur Überwindung eines geleisteten oder erwarteten Widerstandes**

Die Gewalt muss sich gegen eine Person richten, Gewalt gegen Sachen genügt nicht.

> ***Bsp.:*** *Der A schlägt in einem Juweliergeschäft das Glas der Verkaufsvitrine ein, um aus der Auslage Schmuckstücke wegzunehmen und wegzulaufen. - Hier wendet der A lediglich Gewalt gegen eine Sache – die Scheibe der Vitrine – an. Raub ist nicht gegeben.*

Anders, wenn die Gewalt gegen die Sache sich mittelbar gegen eine Person richtet.

> ***Bsp.:*** *Der B fordert den Juwelier auf, den Tresor zu öffnen. Um seiner Forderung Nachdruck zu verleihen, zertrümmert er die Verkaufsvitrine. - Hier wird zwar auch Gewalt direkt nur gegen eine Sache ausgeübt. Dies geschieht aber, um Druck auf den Juwelier auszuüben. Die Gewalt gegen die Sache richtet sich daher mittelbar auch gegen die Person des Juweliers. B hat sich wegen Raubes strafbar gemacht.*

Ausreichend ist die mittelbare körperliche Zwangswirkung (BGHSt 20, 194,195).

> ***Bsp.:*** *Der K dringt in den Laden des V ein. Er sperrt den V in einen Lagerraum ein und entwendet aus dem Laden den Kassenbestand. - Auch hier wird Gewalt eingesetzt. Zwar fehlt es an einer unmittelbaren Einwirkung auf den Körper des Opfers; diese ist bei § 249 StGB aber auch nicht erforderlich. Die mittelbare körperliche Zwangswirkung durch Einsperren genügt.*

> ***Bsp.:*** *Ladendieb X sprüht der Kassiererin Deo-Spray in die Augen (BGH NStZ 2003, 89).*

Ist nicht Zwang, sondern die Ausnutzung eines Überraschungsmomentes prägend für die Tat, so entfällt § 249 StGB. Es bleibt dann § 242 StGB.

> ***Bsp.:*** *X und Y sind darauf aus, Touristen die Handtaschen wegzunehmen. In einem Laden hat die Kundin K ihre Handtasche auf die Theke gelegt, um sich in Ruhe einen Pullover anzusehen. Da greift X zu, schnappt sich die Tasche und läuft weg. - Der X wendet hier keine Gewalt an, sondern schlägt überraschend zu, um die K "auszutricksen". Es liegt nur Diebstahl vor.*

Anders ist die Lage, wenn der Täter soviel Kraft einsetzt, wie nötig ist, um den erwarteten Widerstand des Opfers zu brechen

> ***Bsp.:*** *Touristin T trägt ihre Handtasche über die Schulter, hält sie dabei aber mit der Hand fest. Blitzschnell reißt Y die Tasche an sich und verschwindet. –Hier wendet Y schon einen mittelbar auf die Person der T wirkenden Zwang und damit Gewalt an, wenn er soviel Kraft einsetzt, wie nötig ist, um den erwarteten Widerstand der T zu brechen.*

Die **Abgrenzung** zwischen der Ausnutzung einer Überraschung und der Gewaltanwendung ist im Einzelfall schwierig und hängt von den konkreten Tatumständen ab. **Eine saubere Subsumtion anhand des Sachverhaltes ist hier wichtig!**

Die Gewalt muss sich nicht notwendig gegen den Eigentümer oder Gewahrsamsinhaber, sondern kann sich auch gegen Dritte richten, die nach der Vorstellung des Täters bereit sind, den Gewahrsam zu schützen (z.B. einen Wächter). Die Zwangswirkung muss zwar vorliegen, nicht aber vom Opfer auch so empfunden werden.

> ***Bsp.:*** *A dringt in die Wohnung des B ein. B hat stark getrunken und schläft fest auf der Couch. Um Widerstand des B zu verhindern, fesselt A den B. Danach plündert er die Wohnung aus. Der B schläft fest weiter. – A wendet Gewalt an gegen B, um dessen Widerstand vorbeugend zu verhindern. Die Gewalt wird auch eingesetzt mit dem Ziel, die Wegnahme von Sachen zu ermöglichen. Dieser Zwang wirkt auf B, auch wenn er wegen seines festen Schlafes davon gar nichts gemerkt hat. Raub ist gegeben.*

## Drohung mit gegenwärtiger Gefahr für Leib oder Leben

> **Drohung ist das Inaussichtstellen eines künftigen Übels, auf dessen Eintritt der Drohende Einfluss hat oder zu haben vorgibt. Die Drohung muss sich bei § 249 StGB auf eine gegenwärtige Gefahr für Leib oder Leben richten.**

Die Drohung kann sich gegen jeden richten, der nach den Vorstellungen des Täters zum Schutze des fremden Gewahrsams verpflichtet oder bereit ist. Dabei ist **unerheblich,** ob das angedrohte Übel diese Person selbst treffen wird oder eine andere Person, für die er sich verantwortlich fühlt.

## Gewalt oder Drohung als Mittel der Wegnahme

**Objektiv** muss zwischen Gewalt bzw. Drohung und der Wegnahme lediglich ein **räumlich-zeitlicher Zusammenhang** bestehen. **Subjektiv** ist jedoch eine **finale Verknüpfung** erforderlich.

Die **Gewaltanwendung** bzw. die Drohung muss also beim Raub **zum Zwecke der Wegnahme** erfolgen und soll damit die Vollendung der Wegnahme erst ermöglichen

Vgl. Schönke-Schröder-Eser § 252 Rdnr. 3

Wird dagegen die **Gewalt erst nach der Vollendung der Wegnahme** eingesetzt, so scheidet § 249 StGB aus. Dann kommt nach h.M. § 252 – räuberischer Diebstahl – zur Anwendung.

Ist die **Nötigung zu einem anderen Zwecke** erfolgt und nutzt der Täter diese Situation anschließend zur Wegnahme aus, fehlt es an diesem finalen Zusammenhang.

***Bsp.**: Der K verfolgt seinen Nebenbuhler B, um ihn zu verprügeln. Nachdem der B bewusstlos auf dem Boden liegt, sieht K seine Brieftasche, die zu Boden gefallen war. Er nimmt die Tasche an sich und läuft weg. - Die Gewaltanwendung erfolgt hier nicht zum Zwecke der Wegnahme. Die Brieftasche nimmt der K erst an sich, als die Gewalt bereits nicht mehr fortdauerte. Raub scheidet aus.*

Etwas anderes gilt, wenn der Täter die zu einem anderen Zweck eingesetzte, aber noch fortbestehende Gewaltsituation jetzt zur Wegnahme ausnutzt.

***Bsp.**: Hätte der K den B also gefesselt und noch vor Beseitigung der Fesseln die Brieftasche an sich genommen, so hätte er eine fortbestehende Zwangssituation zur Wegnahme ausgenutzt und damit den § 249 StGB verwirklicht (BGH NJW 2004, 528).*

**Beachten Sie: Eine saubere Subsumtion anhand des Sachverhaltes ist in diesen Fällen sehr wichtig, da die Abgrenzung im Einzelfall sehr schwierig ist und von den konkreten Tatumständen abhängt.**

Erfolgt die **Gewaltanwendung** erst **nach der Vollendung der Wegnahme**, so scheidet Raub aus. In einem solchen Fall ist räuberische Erpressung gem. § 252 StGB gegeben.

## Vollendung des Raubtatbestandes

Vollendet ist der Raub nicht bereits mit der Gewaltanwendung, sondern erst mit dem Abschluss der dadurch ermöglichten Wegnahme. Die Beendigung tritt ein, wenn der Täter die Beute gesichert hat.

## Subjektiver Tatbestand

Der Täter muss **Vorsatz bezüglich aller Merkmale des objektiven Tatbestandes** haben und auch die weiteren subjektiven Voraussetzungen erfüllen. Erforderlich ist also:

- **Zumindest bedingter Vorsatz bzgl. der Wegnahme**
- **Absicht der rechtswidrigen Zueignung**
- **Vorsatz zur Gewaltanwendung**
- **Vorsatz bezüglich der finalen Verknüpfung zwischen Gewalt und Wegnahme.**

Die Zueignungsabsicht muss zum Zeitpunkt der Wegnahme bestehen.

## Wiederholungsfragen zu § 249 StGB

| | |
|---|---|
| 1. Aus welchen Delikten setzt sich der Raub zusammen? | Das Delikt des Raubes ist die Kombination von Nötigung und Diebstahl. |
| 2. Nennen Sie die Definition der Gewalt ! | Gewalt ist ein körperlich wirkender Zwang zur Überwindung eines geleisteten oder erwarteten Widerstandes. |
| 3. Wie ist das Einsperren des Opfers zu beurteilen? | Es liegt Gewalt vor. |
| 4. Begründung? | Zwar fehlt es an einer unmittelbaren Einwirkung auf den Körper des Opfers; diese ist bei § 249 StGB aber auch nicht erforderlich. Ausreichend ist die durch das Einsperren erfolgende mittelbare körperliche Zwangswirkung |
| 5. Wie beschreibt man die Drohung beim Raub? | Drohung ist das Inaussichtstellen eines künftigen Übels, auf dessen Eintritt der Drohende Einfluss hat oder zu haben vorgibt |
| 6. Worauf muss sich die Drohung richten? | Die Drohung muss sich bei § 249 StGB auf eine gegenwärtige Gefahr für Leib oder Leben richten. |
| 7. Welcher Zusammenhang muss zwischen Gewalt bzw. Drohung und der Wegnahme bestehen? | Objektiv muss zwischen Gewalt bzw. Drohung und der Wegnahme lediglich ein räumlich-zeitlicher Zusammenhang bestehen. Subjektiv muss eine finale Verknüpfung bestehen. Die Gewalt bzw. die Drohung muss also Mittel zur Wegnahme sein. |
| 8. Wann muss die Gewalt bzw. Drohung spätestens eingesetzt werden, damit noch Raub vorliegen kann? | Bei Gewalteinsatz bzw. Drohung bis zur Vollendung der Wegnahme ist Raub möglich, da dann die Gewaltanwendung bzw. Drohung noch zur Vollendung der Wegnahme dient. Erfolgt die Gewaltanwendung erst nach der Vollendung der Wegnahme, so scheidet Raub aus. Die Gewalt dient dann nur noch der Sicherung der Beute. In einem solchen Fall liegt räuberischer Diebstahl gem. § 252 StGB vor. |
| 9. Gegen wen muss sich die Gewalt richten? | Die Gewalt muss sich nicht notwendig gegen den Eigentümer oder Gewahrsamsinhaber, sondern kann sich auch gegen Dritte richten, die nach der Vorstellung des Täters bereit sind, den Gewahrsam zu schützen (z.B. Wächter). |
| 10. Worauf muss der Vorsatz beim Raub gerichtet sein? | Der Vorsatz muss alle Merkmale des objektiven Tatbestandes umfassen. Erforderlich ist also Wegnahmevorsatz sowie Zueignungsabsicht, Vorsatz hinsichtlich der Gewaltanwendung bzw. Drohung und Vorsatz gerichtet darauf, diese Gewalt bzw. Drohung als Mittel der Wegnahme einzusetzen. |
| 11. Wann ist der Raub vollendet? | Vollendet ist der Raub nicht bereits mit der Gewaltanwendung, sondern erst mit dem Abschluss der dadurch ermöglichten Wegnahme. |

# Schwerer Raub § 250 StGB

## Prüfungsschema zu § 250 StGB

A. Tatbestand
- I. objektiver Tatbestand
  - 1. Grundtatbestand des § 249 StGB und
  - 2. Qualifizierungsmerkmale
    - a. Waffe bzw. gefährliches Werkzeug
      - aa. Mitführen einer Waffe oder eines gefährlichen Werkzeugs, § 250 I Nr. 1 a StGB
      - bb. Mitführen eines Werkzeugs in Nötigungsabsicht § 250 I Nr. 1 b StGB
      - cc. Verwendung einer Waffe oder eines gefährlichen Werkzeugs, § 250 II Nr. 1 a StGB
    - b. besondere Tatumstände oder Gefahren
      - aa. Gefahr der schweren Gesundheitsbeeinträchtigung § 250 I Nr. 1 c StGB
      - bb. Gefahr des Todes § 250 II Nr. 3 b StGB
      - cc. schwere körperliche Misshandlung § 250 II Nr. 3 a StGB
    - c. als Mitglied einer Bande
      - aa. bandenmäßige Begehung des Raubes § 250 I Nr. 2 StGB
      - bb. bandenmäßige Begehung des Raubes bei Mitführen einer Waffe, § 250 II Nr. 2 StGB
- II. subjektiver Tatbestand
  - 1. Vorsatz hinsichtlich aller Merkmale des Grunddeliktes § 249 StGB
  - 2. Absicht, sich oder einem Dritten die Sache rechtswidrig zuzueignen (§ 249 StGB)
  - 3. Vorsatz bzgl. des Qualifizierungstatbestandes

B. Rechtswidrigkeit

C. Schuld

D. Strafreduzierung in minder schweren Fällen § 250 III StGB

Der schwere Raub nach § 250 StGB ist ein gegenüber § 249 StGB durch den Einsatz bestimmter Tatmittel, bestimmter Begehungsweisen bzw. Tatumstände **qualifizierter Tatbestand.**

**Die Vorschrift des § 250 StGB ist sehr stark ausdifferenziert. In der Klausur ist dies Anlass für den Prüfer, festzustellen, ob der Kandidat das Gesetz sorgfältig lesen und die einzelnen Tatbestandsmerkmale genau auf den Fall subsumieren kann. Sorgfältige Arbeit ist hier entscheidend!!**

Klausurtip

## Raub unter Beisichführen einer Waffe oder eines gefährlichen Werkzeugs § 250 I Nr. 1 a StGB

Eine **Waffe** oder ein **gefährliches Werkzeug** i.S.d § 250 Abs.1 Nr.1a StGB ist nur ein Gegenstand,

> **der nach seiner Art und seinem Verwendungszweck in der konkreten Situation dazu geeignet ist, Widerstand durch Gewalt oder Drohung mit Gewalt zu verhindern oder zu brechen**

Gefährlich ist ein Werkzeug,

> **wenn es nach seiner objektiver Beschaffenheit und nach Art der Benutzung im konkreten Fall erhebliche Verletzungen herbeizuführen geeignet ist.**

Es muss sich um ein **einsatzbereites Werkzeug** bzw. eine **funktionsfähige Waffe** handeln, bei Schusswaffen also eine mit scharfer Munition einsatzbereite Waffe. Sog. **Scheinwaffen** (Spielzeugpistolen, funktionsunfähige Schusswaffen) **reichen nicht aus**.

Eine geladene **Schreckschusspistole**, bei der der Explosionsdruck nach vorne austritt, ist als Waffe gem. § 250 I Nr. 1 StGB anzusehen (BGH -Großer Strafsenat - NJW 2003, 336; BGH JA 2003, 541).

Bei § 250 I Nr. 1 a StGB genügt das bloße **Mitführen der Waffe**. Das Tragen der Waffe in der Hand oder am Körper ist dazu nicht erforderlich, es reicht vielmehr aus, wenn sie dem Beteiligten jederzeit zur Verfügung steht, also vom ihm jederzeit ergriffen und gebraucht werden kann.

> ***Bsp***: *Der A dringt mit Hilfe einer Eisenstange in die Wohnung des B ein, um dort etwas zu stehlen. Dann steckt er die Eisenstange in die Tasche. Er denkt nicht daran, damit Gewalt anzuwenden. Im Hause taucht plötzlich der B auf, den der A zur Seite schubst, um das Bargeld an sich zu nehmen. – Hier wendet der A Gewalt an, um die Wegnahme des Geldes zu ermöglichen. Dabei wird die mitgebrachte Waffe nicht eingesetzt. Schwerer Raub liegt dennoch vor. Die Eisenstange ist ein gefährliches Werkzeug, das geeignet ist, beim Einsatz als Schlagwerkzeug schwere Verletzungen herbeizuführen. Das bloße Mitführen reicht aus; der Wille, das gefährliche Werkzeug einzusetzen, ist nicht erforderlich.*

Ausreichend ist für § 250 I Nr.1, dass ein **Beteiligter** die Waffe oder den gefährlichen Gegenstand bei sich führt. Beteiligter ist jeder Teilnehmer (Täter, Gehilfe) im technischen Sinne.

**Bsp**: *Die Freunde K und W wollen in die Wohnung des Juweliers J einbrechen, um dort etwas Wertvolles zu stehlen. Beide glauben, der J sei im Urlaub. Entsprechend dem gemeinsamen Tatplan dringt K in das Haus ein, während W vor dem Hause Schmiere steht. K ist unbewaffnet, während der W eine geladene Pistole bei sich trägt. Geplant ist, im Notfall Gewalt einzusetzen. Plötzlich taucht im Hause der J auf. K schlägt ihn mit einer Blumenvase nieder, rafft die Beute zusammen und flieht gemeinsam mit dem W. – Es reicht aus, dass – dem gemeinsamen Tatplan entsprechend – der W eine Waffe bei sich hatte. Zwar erfolgt der Gewalteinsatz des K im Hause ohne diese Waffe. W und K sind Mittäter, demnach führt einer der Beteiligten eine Waffe bei sich. § 250 I Nr. 1 a StGB ist gegeben.*

## Raub unter Beisichführen eines Werkzeugs in Nötigungsabsicht § 250 I Nr. 1 b StGB

Die Vorschrift des § 250 I Nr. 1 b StGB erfasst **sonstige Werkzeuge**, die nicht die Voraussetzungen des gefährlichen Werkzeuges i.S.d. § 250 I Nr. 1 b StGB erfüllen. Zu nennen sind hier z.B. Klebeband zum Fesseln des Opfers, Betäubungsmittel, aber auch ein sog. Elektroschocker (BGH StV 2002, 146).

Hier ist zusätzlich erforderlich, dass der Täter das Werkzeug bei sich führt, **um den Widerstand einer anderen Person** durch Gewalt oder Drohung mit Gewalt **zu verhindern** oder **zu überwinden.** Erforderlich ist also **Nötigungsabsicht des Täters**.

**Bsp**: *Der X dringt in die Wohnung des Z ein, um dort etwas zu stehlen. Dabei trägt er eine Spielzeugpistole bei sich. Als ihm plötzlich der Z gegenübersteht, schubst er ihn zu Boden, ergreift einige Wertgegenstände und flieht. – Auch hier liegt Raub gem. § 249 StGB vor, da die Gewalt (das Wegschubsen) dazu dient, Wertsachen zu ergreifen und zu fliehen, also fremden Gewahrsam zu brechen. Zwar führt der X hier mit der Spielzeugpistole ein Werkzeug bei sich. Dieses ist aber kein gefährliches Werkzeug, so dass nur § 250 I Nr. 1 b StGB einschlägig sein könnte. Hier fehlt dem X aber während der gesamten Zeit die Absicht, dieses Werkzeug zum Gewalteinsatz gegen eine Person und damit als Mittel der Wegnahme einzusetzen. § 250 I Nr. 1 b StGB ist daher nicht erfüllt.*

Das Problem der sog. **Scheinwaffen** (Spielzeugpistolen, funktionsunfähige Schusswaffen) ist in diesen Fällen zu diskutieren, da diese Frage durch das 6. Strafrechtsreformgesetz nicht abschließend geklärt worden ist.

Problematisch ist dabei, dass der Täter mit der Scheinwaffe nur drohen kann, sie aber im geplanten Einsatz meist nicht gefährlich ist.

Die **Literatur** hat daher angesichts des hohen Strafrahmens darauf abgestellt, ob die Waffe durch Einsatz auf andere Weise - z.B. als Schlagwerkzeug - objektiv geeignet ist, Leib oder Leben zu gefährden.

Schönke-Schröder-Eser, § 263 StGB Rdnr. 15.

Demgegenüber stellt die **Rechtsprechung** auf die Schutzwürdigkeit des Opfers ab und bejaht im Hinblick darauf auch bei einer objektiv ungefährlichen Scheinwaffe die Anwendbarkeit der Qualifikation.

So z.B. BGH 38, 116, 117

Versteht man die Norm des § 250 I Nr. 1 b StGB als Auffangtatbestand (so die Begründung des 6. Strafrechtsreformgesetzes), dann spricht einiges dafür, grundsätzlich auch die Verwendung von Scheinwaffen einzubeziehen.

In der **Rechtsprechung zur alten Gesetzesfassung** ist hier jedoch die Einschränkung gemacht worden, dass die Qualifikation dann ausscheidet, wenn der Gegenstand schon nach seinem äußeren Erscheinungsbild offensichtlich ungefährlich und deshalb nicht geeignet ist, mit ihm auf den Körper eines anderen in erheblicher Weise einzuwirken (z.B. Verwendung eines Plastikrohres oder Holzstückes zur Vortäuschung einer Schusswaffe).

Vgl. BGH NStZ-RR 1996, 356; BGH NStZ 1997, 185; BGH NJW 1990, 2570.

## Raub mit Gefahr der schweren Gesundheitsbeeinträchtigung § 250 I Nr. 1 c StGB

Eine **schwere Gesundheitsbeeinträchtigung** ist nicht nur eine schwere Körperverletzung i.S.d. § 226 StGB, sondern liegt auch dann vor, wenn das Opfer in seiner psychischen oder physischen Stabilität nachhaltig beeinträchtigt wird, in eine ernste langwierige Krankheit fällt oder seine Arbeitskraft erheblich herabgesetzt wird.

Diese Vorschrift beinhaltet **keine Erfolgsqualifizierung gem. § 18 StGB**, sondern einen **Gefährdungstatbestand**, so dass im Subjektiven Fahrlässigkeit nicht ausreicht, sondern **Gefährdungsvorsatz** in der Form des dolus eventualis gegeben sein muss. Eine schwere Gesundheitsbeeinträchtigung muss also nicht eintreten, aber der Täter muss willentlich eine Lage geschaffen haben, bei der es vom Zufall abhängt, ob das Opfer eine solche schwere Gesundheitsbeeinträchtigung erleidet.

## Bandenmäßige Begehung des Raubes § 250 I Nr. 2 StGB

Der Tatbestand dieser Qualifizierung deckt sich – bis auf die zusätzliche Nötigungskomponente des Raubes - mit § 244 StGB.

**Eine Bande ist eine auf einer ausdrücklichen oder stillschweigenden Vereinbarung beruhende Verbindung von mindestens drei Personen**

Der Literaturansicht, es müsste für eine Bande ein Zusammenschluss von mindestens **3 Personen** vorliegen, folgt seit einiger Zeit auch die Rechtsprechung (BGH NJW 2001, 2266).

Für die Annahme einer Bande **genügt nicht**, dass die **Beteiligten als Mittäter** i.S. von § 25 II StGB zusammenwirken. Die Täter müssen sich vielmehr mit dem ernsthaften Willen zusammengeschlossen haben, künftig für eine gewisse Dauer selbständige, im Einzelnen noch ungewisse Straftaten der gesetzlich umschriebenen Art zu begehen. Die Tatbegehung als Bandenmitglied stellt eine gegenüber der Mittäterschaft gesteigerte, über die aktuelle Tat tendenziell hinausreichende deliktische Zusammenarbeit dar. Dabei muss sich die Bandenabrede stets auf ein kriminelles Ziel beziehen. Ein weitergehender "gefestigter Bandenwille" oder ein "Tätigwerden in einem übergeordneten Bandeninteresse" ist nicht erforderlich. (BGH NJW 2001, 2266; BGH NJW 1998, 2913; BGH NJW 1997, 810; BGH NStZ 1996, 443).

***Bsp**: A, B, C und D sind Mitglieder eines privaten Skatclubs, die sich regelmäßig in einer Gaststätte des G zum Kartenspielen treffen. Eines Tages beschließen sie, dem G in einem unbeobachteten Augenblick gemeinsam Geld aus der Kasse zu stehlen. –*

*Hier handeln die Personen zwar als Mittäter, aber nicht als Bande. Zwar haben sie sich auf Dauer zu einem gemeinsamen Zweck zusammengeschlossen, dies war aber das Kartenspielen und damit kein deliktischer Zweck. Der Entschluss zum Diebstahl bezieht sich auf eine einmalige Tat. Sie sind daher nicht wegen Bandendiebstahls strafbar.*

Auch das **Mitglied** einer Bande, das im **Hintergrund** agiert und nicht unmittelbar an der Ausführung eines Diebstahls beteiligt ist, ist Täter und nicht nur Teilnehmer eines schweren Bandendiebstahls, wenn es einen als täterschaftlich zu wertenden Tatbeitrag erbringt und der Diebstahl von mindestens zwei weiteren Bandenmitgliedern in einem zeitlichen und örtlichen Zusammenwirken begangen wird (BGH NJW 2001, 83, BGH NJW 2001, 2266).

## Raub unter Verwendung einer Waffe oder eines gefährlichen Werkzeugs § 250 II Nr. 1 a StGB

Mit schwererer Strafe wird geahndet, wenn der Täter die Waffe nicht nur bei sich führt, sondern konkret verwendet. Die Definition der Waffe und des gefährlichen Werkzeugs entspricht der des § 250 I Nr. 1 a StGB. Der Regelung des § 250 Abs. 2 Nr. 1 StGB unterfällt der Einsatz eines einfachen Schlaginstruments ebenso wie die Verwendung einer aufmunitionierten vollautomatischen Selbstladeschusswaffe oder einer scharfen Handgranate (BGH NStZ 2002, 480).

***Bsp**: Der A dringt mit Hilfe einer Eisenstange in die Wohnung des B ein, um dort etwas zu stehlen. Dann steckt er die Eisenstange in die Tasche. Als plötzlich der B auftaucht, ergreift der A die Eisenstange und schlägt den B nieder. Dann reißt er einige Wertsachen an sich und läuft weg.*

Dabei wird ein gefährliches Werkzeug nicht nur verwendet, wenn der Täter mit ihm Gewalt ausübt, sondern auch, wer er es bei der Tat als Drohmittel einsetzt.

***Bsp***: *Der A will lauert dem X auf, um Geld von ihm zu verlangen. Dabei trug er ein Messer so unter seinem Hemd, dass eine Ausbeulung unter seinem Hemd sichtbar war, um dem X zu zeigen, dass er bewaffnet war.- Der BGH hat hier ausgeführt, dass der A das Messer nicht nur i.S.d. § 250 Abs. 1 Nr. 1 a StGB n.F. bei sich geführt, sondern er es i.S.d. § 250 Abs. 2 Nr. 1 StGB n.F. bei der Tat als Drohmittel verwendet habe, und zwar in seiner Eigenschaft als gefährliches Werkzeug. So habe auch der X das Verhalten des A verstanden. Er hielt ihn für bewaffnet, fühlte sich an Leib oder Leben bedroht und übergab ihm deshalb das Geld (BGH StV 1998, 487).*

Umstritten ist noch, ob eine Gaspistole oder Schreckschusspistole den Tatbestand des § 250 II Nr. 1StGB erfüllt (bejahend BGH NJW 2002, 2889, BGH NStZ 2002, 31-33, ablehnend BGH NStZ-RR 2002, 265).

## Bandenmäßige Begehung des Raubes bei Mitführen einer Waffe § 250 II Nr. 2 StGB

Wenn ein Mitglied einer Bande bei der Tat eine Waffe bei sich führt, wird der erhöhte Strafrahmen des Abs. 2 verwirklicht.

## Raub mit schwerer körperlicher Misshandlung § 250 II Nr. 3 a StGB

Qualifiziert nach dieser Norm ist die Tat, wenn der Täter oder ein anderer Beteiligter bei der Tat eine andere Person körperlich schwer misshandelt.

## Raub mit Todesgefahr § 250 II Nr. 3 b StGB

Diese Qualifizierung verlangt, dass der Täter oder ein anderer Beteiligter durch die Tat eine andere Person in die Gefahr des Todes bringt, so dass der Todeseintritt nahe liegt. Dabei ist **Vorsatz hinsichtlich der Lebensgefährdung erforderlich!!**

## Strafreduzierung in minder schweren Fällen § 250 III StGB

In minder schweren Fällen wird nur ein Strafrahmen von 1 Jahr bis zu 10 Jahren gesteckt.

## Raub mit Todesfolge § 251 StGB

Im Gegensatz zu § 250 StGB stellt § 251 StGB ein **erfolgsqualifiziertes Delikt** dar.

**Objektive Voraussetzung** ist zunächst der **Eintritt der Todesfolge** und das **Vorliegen eines Raubes**. Der Raub muss dabei nicht nur condicio-sine-qua-non für den Tod gewesen sein, sondern die Todesfolge muss sich aus der spezifischen Gefährlichkeit der Raubhandlung entwickelt haben.

Auf der **subjektiven Seite** muss der Täter vorsätzlich bzgl. des Raubes und mindestens leichtfertig hinsichtlich der Todesfolge gehandelt haben. Mit der Formulierung "mindestens" hat der Gesetzgeber jetzt klargestellt, dass damit auch die vorsätzliche Todesverursachung umfasst werden soll.

Mit Leichtfertigkeit ist ein grob fahrlässiges Verhalten gemeint.

***Bsp**: Der X überfällt eine Bank und hält dem Kassierer K eine geladene Waffe vor die Nase. Der K hat eine Herzschwäche und fällt vor Schreck tot um. - X hat keinen Raub mit Todesfolge, § 251, begangen, weil er nicht leichtfertig den Tod des K verursacht hat. Wegen der extremen Unwahrscheinlichkeit fehlt es schon an der Fahrlässigkeit.*

## Exkurs: Erfolgsqualifizierungen beim Versuch

In Klausuren stellt sich häufiger die Frage, ob die Erfolgsqualifizierung auch beim Versuch des Grunddeliktes Bedeutung hat. Dabei sind zwei Fallvarianten zu unterscheiden:

1. Grunddelikt und Qualifizierung sind nur gewollt und im Versuchsstadium stecken geblieben
2. schon beim Versuch des Grunddelikts ist die schwere Folge eingetreten.

Nur im Fall 2 geht die h.M. davon aus, dass auch hier die Qualifizierungsnormen zur Anwendung kommen.

Nach Ansicht des BGH (NStZ 2001, 534 ) kann bei § 251 StGB der Versuch nicht nur in der Form begangenen werden, dass der Täter durch eine in finaler Verknüpfung mit der Wegnahme stehende räuberische Nötigungshandlung den Tod des Opfers verursacht, es aber nicht zur Vollendung der Wegnahme kommt (sog erfolgsqualifizierter Versuch), sondern auch dadurch, dass der Einsatz der Gewalt zugleich die Tötungshandlung darstellt, die aber den qualifizierten Erfolg nicht bewirkt (sog versuchte Erfolgsqualifizierung).

Näher zu diesem Problemkreis: JURISTISCHE GRUNDKURSE Band 7, Strafrecht AT-2

Klausurrelevant ist auch die Frage, ob vom Versuch des Grunddeliktes noch zurückgetreten werden kann, wenn bereits die schwere Folge eingetreten ist. Da formell noch immer ein Versuch gegeben ist, kann diese Frage bejaht werden.

Vgl. Schönke-Schröder-Eser, § 24 Rdnr. 26, str.

Siehe dazu: JURISTISCHE GRUNDKURSE Band 8, Strafrecht AT-3

# Räuberischer Diebstahl § 252 StGB

## Prüfungsschema zu § 252 StGB

**A. Tatbestand**
- **I. objektiver Tatbestand**
  - **1. vollendeter Diebstahl als Vortat**
  - **2. auf frischer Tat betroffen**
    - **a. räumlicher Zusammenhang**
    - **b. zeitlicher Zusammenhang**
    - **c. Entdeckung des Täters (str.)**
  - **3. Nötigungskomponente:**
    - **a. Gewalt gegen eine Person oder**
    - **b. Drohung gegenwärtiger Gefahr für Leib oder Leben**
- **II. subjektiver Tatbestand**
  - **1. Vorsatz hinsichtlich aller Merkmale des objektiven Tatbestandes**
  - **2. Absicht, sich im Besitz der gestohlenen Sache zu halten**

**B. Rechtswidrigkeit**

**C. Schuld**

**D. Zusatzprüfung: mögliche Qualifikationen gem. § 250, 251 StGB**

Dieser Tatbestand ahndet eine Gewaltanwendung, die zur Sicherung der Diebesbeute in unmittelbarem Zusammenhang mit der Vortat erfolgt, mit der gleichen Strafdrohung wie die Raubdelikte.

## Vortat

Der objektive Tatbestand verlangt als Vortat einen **Diebstahl**. Allerdings kann auch ein Raub eine taugliche Vortat des § 252 StGB sein, da auch der **Raub** tatbestandlich einen vollendeten Diebstahl beinhaltet (BGHSt 21, 377).

Nach h.M. muss bei § 252 StGB im Zeitpunkt des Gewalteinsatzes die Vollendung der Wegnahme eingetreten sein. Damit ist eine saubere Abgrenzung zum Raub möglich, bei dem die Gewaltanwendung zum Zwecke der Wegnahme erfolgen muss und damit die Vollendung der Wegnahme erst ermöglichen soll.

## auf frischer Tat betroffen

Das Merkmal "**auf frischer Tat betroffen**" stellt auf den Zusammenhang mit dem Diebstahl ab.

In zeitlicher Hinsicht beginnt die "frische Tat" mit der Vollendung der Vortat und endet mit deren Beendigung. Eine "frische Tat" liegt also vor, solange sich der Täter noch im räumlichen Herrschaftsbereich seines Opfers befindet. Der Täter muss also noch am Tatort selbst oder in dessen unmittelbarer Nähe betroffen worden sein.

**Bsp**: *Der A steckt im Supermarkt eine Flasche Schnaps unter seinen Pullover. Nachdem A an der Kasse nur die Waren in seinem Einkaufswagen bezahlt und mit der Flasche unter seinem Pullover unentdeckt an der Kasse vorbeigekommen ist, schöpft der Ladeninhaber L Verdacht. Er geht dem A nach und stellt ihn zur Rede, gerade als A seinen Einkaufwagen zurückstellt. A schubst den L zu Boden und läuft mit seiner Beute weg. –*

*Hier wendet der A Gewalt nach einem Diebstahl an, um die Beute zu sichern. Der Diebstahl war bereits vollendet, so dass Raub nicht in Betracht kommt. Der Diebstahl ist aber noch nicht beendet, da die Beute noch nicht endgültig gesichert ist. Ein räumlicher und zeitlicher Zusammenhang mit dem Diebstahl ist auch gegeben, da der A sich noch im räumlichen Herrschaftsbereich des Supermarktes befindet. § 252 StGB ist gegeben.*

**Gegenbsp**: *Im Kaufhaus beobachtet der Detektiv D den B, der eine Lederjacke in seine Tasche steckt, um damit aus dem Kaufhaus zu verschwinden. Der D will den B stellen, gerät aber in eine Gruppe Schulkinder und wird so daran gehindert, den B sofort zu verfolgen. Als der D den Ausgang des Kaufhauses erreicht, ist der B nicht mehr zu sehen. D macht sich auf die Suche und findet den B nach einer halben Stunde am anderen Ende der Einkaufszone an der Bushaltestelle stehend. Er stellt den B zur Rede. B schlägt den D nieder und entkommt. – Auch in diesem Beispiel wendet der B Gewalt nach einem vollendeten Diebstahl an, um die Beute zu sichern. Ein räumlicher und zeitlicher Zusammenhang mit dem Diebstahl ist jedoch nicht gegeben, da der B sich nicht mehr im räumlichen Herrschaftsbereich des Kaufhauses befindet. § 252 StGB scheidet aus, es ist lediglich Nötigung gem. § 240 StGB ist gegeben.*

Ist der Täter auf frischer Tat betroffen worden, so ist es unerheblich, ob die Gewalt gleich am Tatort oder erst im Rahmen der weiteren Verfolgung kommt. Das "Betreffen auf frischer Tat" endet erst dann, wenn es dem Täter nicht nur für eine ganz vorübergehende Zeit gelingt, seine Verfolger abzuschütteln.

**Bsp**: *In der Drogerie beobachtet die Verkäuferin V, wie Teenager T sich heimlich Kosmetika in die Handtasche steckt. V stellt T zur Rede. T reagiert schnell und läuft aus dem Laden, ohne dass die V dazu kommt, sie zu hindern. V lässt aber nicht locker und läuft der T nach. Nach einigen Straßenzügen hat die sportliche V die T eingeholt. Da dreht sich die T plötzlich um und schlägt V mit ihrer Handtasche zu Boden. – Die T war auf frischer Tat betroffen, als V den Diebstahl entdeckte. Zwar hat die T nicht sofort Gewalt angewandt. Die V hat die T jedoch verfolgt, so dass auch die spätere Gewaltanwendung noch im Rahmen der "frischen Tat" erfolgt ist. § 252 StGB ist demnach gegeben.*

Der Einsatz der Nötigungsmittel muss gegen die Person eingesetzt werden, von der der Täter annimmt, diese werde ihm seine Beute zugunsten des Opfers wieder streitig machen. Eine Drohung muss von dem Bedrohten wahrgenommen worden sein.

Umstritten ist, ob der Täter im Zeitpunkt des Einsatzes des Nötigungsmittels bereits tatsächlich entdeckt sein muss oder ob es ausreicht, wenn der Täter dadurch der Entdeckung zuvorkommen will. Die Rechtsprechung stellt allein auf den räumlichen und zeitlichen Zusammenhang ab. Danach ist es gleichgültig, ob das Opfer den Täter bereits entdeckt hat oder ob der Täter nur der Entdeckung zuvorkommt.

***Bsp.**: Landstreicher L versteckt sich in einem großen Kaufhaus. Er will nach Ladenschluss in der Lebensmittelabteilung einen Vorrat für die nächsten Tage zusammenstellen und dann unentdeckt mit seiner Beute das Kaufhaus verlassen. Nachdem er seine Beute eingepackt hat, hört er Schritte. Schnell versteckt er sich hinter einer Verkaufstheke. Nachtwächter N inspiziert die Lebensmittelabteilung, hat den L aber noch nicht bemerkt. Um der Entdeckung zuvorzukommen, schlägt L ihn von hinten nieder und flieht. – Der Einsatz des Nötigungsmittels wird hier gegen den N eingesetzt, von dem L annimmt, dieser werde ihm seine Beute wieder wegnehmen. Allerdings hat N den L noch nicht entdeckt. Die Rechtsprechung bejaht hier § 252 StGB.*

Nach der Gegenansicht setzt ein "Betreffen" voraus, dass der Täter auch bemerkt wird. Damit werden allerdings weitere Fragen ausgelöst: muss der Täter nur als Person oder bereits als Tatverdächtiger erkannt worden sein.

***Bsp**: D steckt im Supermarkt eine Flasche Schnaps unter seinen Pullover. Neben ihm steht der Kunde K, der davon nichts bemerkt hat. D glaubt aber, der K habe das gesehen und werde ihn gleich zur Rede stellen. Um das zu verhindern, schubst er ihn zur Seite und läuft weg. – Nach der Rechtsprechung liegt hier eindeutig § 252 StGB vor. Die Literatur hat hier Schwierigkeiten. Der K hat den D zwar wohl als anderen Kunden gesehen, aber seinen Diebstahl nicht bemerkt und daher den K nicht als Tatverdächtigen wahrgenommen. Entdeckt ist der K also nicht, so dass nach dieser Ansicht § 252 StGB ausscheidet.*

## Subjektiver Tatbestand

Neben dem zumindest bedingten **Vorsatz** hinsichtlich aller Merkmale des objektiven Tatbestandes ist die **Absicht** des Täters erforderlich, sich durch die Gewaltanwendung den Besitz der Diebesbeute zu erhalten. Erforderlich ist nicht, dass er dieses Ziel erreicht und die Beute tatsächlich behält. Unschädlich ist es, wenn der Täter daneben noch andere Ziele verfolgt. § 252 scheidet allerdings aus, wenn es dem Täter nur auf andere Ziele ankommt.

***Bsp**: Teenager T, der in der Drogerie die Kosmetika gestohlen hat, wird von der Verkäuferin V erwischt. T hat nur den Gedanken, aus der Situation herauszukommen. Sie schubst V zur Seite und läuft weg, dabei wirft sie die Beute von sich. – Hier hat T nicht das Ziel, die Beute zu sichern. Sie will lediglich die Flucht sichern. § 252 StGB scheidet daher aus.*

Tatbestandsmäßig im Sinne des StGB § 252 handelt jedoch auch, wer gleichzeitig das Diebesgut verteidigen und sich der Strafverfolgung entziehen will.

## Qualifikationen

Da § 252 StGB den Täter mit der gleichen Strafdrohung wie die Raubdelikte belegt, sind auch die Raubqualifikationen §§ 250, 251 StGB anzuwenden.

## Wiederholungsfragen zu §§ 250 - 252 StGB

| | |
|---|---|
| 1. Wird auch die Scheinwaffe von der Qualifikation des § 250 StGB umfasst? | Die Scheinwaffe – also Spielzeugpistole oder ungeladene Schusswaffe – erfüllt nicht § 250 II Nr. 1 a StGB. Strittig ist, ob dadurch § 250 I Nr. 1 b StGB erfüllt wird. |
| 2. Wodurch unterscheiden sich § 250 I Nr. 1 a StGB und § 250 II Nr. 1 a StGB? | In der erstgenannten Vorschrift wird das Mitführen der Waffe bzw. des gefährlichen Werkzeuges unter Strafe gestellt, ohne dass es auf einen Einsatzwillen des Täters ankommt. Mit schwererer Strafe nach § 250 II Nr. 1 a StGB wird geahndet, wenn der Täter die Waffe nicht nur bei sich führt, sondern konkret verwendet |
| 3. Wann liegt eine Bande vor? | Eine Bande ist eine auf einer ausdrücklichen oder stillschweigenden Vereinbarung beruhende Verbindung von mindestens zwei Personen. |
| 4. Welche Voraussetzungen fordert § 251 StGB? | § 251 StGB ist ein erfolgsqualifiziertes Delikt, daher muss die Todesfolge eingetreten sein. Der Raub muss dabei nicht nur condicio-sine-qua-non für den Tod gewesen sein, sondern es muss sich zudem die Todesfolge aus der spezifischen Gefährlichkeit der Raubhandlung entwickelt haben. |
| 5. Was versteht man in § 251 StGB unter Leichtfertigkeit? | Leichtfertigkeit ist ein grob fahrlässiges Verhalten. |
| 6. Wodurch unterscheiden sich § 250 II Nr. 3 b StGB und § 251 StGB? | § 250 II Nr. 3 b StGB verlangt, dass der Täter oder ein anderer Beteiligter durch die Tat eine andere Person in die Gefahr des Todes bringt. Erforderlich ist also objektiv nur die Todesgefahr. Die subjektive Seite erfordert dagegen Vorsatz hinsichtlich der Lebensgefährdung! § 251 StGB verlangt dagegen objektiv die eingetretene Folge, während hier subjektiv Leichtfertigkeit ausreicht. |
| 7. Welche Vortat verlangt § 252 StGB? | Als Vortat muss ein Diebstahl vorliegen. |
| 8. Kann auch ein Raub eine Vortat im Sinne des § 252 StGB sein? | Ja, denn auch der **Raub** enthält tatbestandlich einen vollendeten Diebstahl. |
| 9. Welche zeitlichen Grenzen gelten für die "frische Tat"? | In zeitlicher Hinsicht beginnt die "frische Tat" mit der Vollendung der Vortat und endet mit deren Beendigung. |
| 10. Und was sind die räumlichen Grenzen? | Eine "frische Tat" liegt vor, solange sich der Täter noch im räumlichen Herrschaftsbereich seines Opfers befindet. Der Täter muss also noch am Tatort selbst oder in dessen unmittelbarer Nähe betroffen worden sein. |
| 11. Muss der Täter vom Opfer entdeckt worden sein? | Das ist umstritten. Nach der Rechtsprechung reicht der räumlich-zeitliche Zusammenhang aus. |
| 12. Was ist neben dem Vorsatz bei § 252 StGB erforderlich? | Zusätzlich muss die Absicht vorhanden sein, sich im Besitz der Beute zu halten. |
| 13. Gibt es bei § 252 Qualifikationstatbestände? | Die Raubqualifikationen §§ 250, 251 StGB sind anzuwenden, denn der Täter des § 252 StGB wird "wie ein Räuber" bestraft. |

# Erpressung § 253 StGB

## Prüfungsschema zu § 253 StGB

**A. Tatbestand**
- **I. objektiver Tatbestand**
  - **1. Tatmittel**
    - **a. Gewalt**
    - **b. Drohung mit einem empfindlichen Übel**
  - **2. Tathandlung**
    - **a. Handlung**
    - **b. Duldung**
    - **c. Unterlassung**
  - **3. Vermögensnachteil**
- **II. subjektiver Tatbestand**
  - **1. Vorsatz hinsichtlich aller Merkmale des objektiven Tatbestandes**
  - **2. Absicht, sich rechtswidrig zu bereichern**

**B. Rechtswidrigkeit (Verwerflichkeit § 253 Abs. 2 StGB)**

**C. Schuld**

**D. Qualifikation gem. § 253 IV S.2 StGB**

Geschützte Rechtsgüter sind das Vermögen und die Freiheit der Willensentschließung.

## Gewalt oder Drohung mit einem empfindlichen Übel

Da die Gewalt gegen Personen und die Drohung mit gegenwärtiger Gefahr für Leib oder Leben unter den Tatbestand der räuberischen Erpressung nach § 255 StGB fällt, scheiden diese Formen der Druckmittel für § 253 StGB aus.

Dabei muss der Täter das Übel lediglich in Aussicht stellen. Nicht erforderlich ist, dass der Täter tatsächlich in der Lage ist, das Übel auch in die Tat umzusetzen. Es reicht vielmehr aus, wenn der Täter bewirkt, dass der Bedrohte den Eintritt des Übels für möglich hält.

***Bsp**: Dem Kunstsammler K ist ein wertvolles Gemälde aus seiner Sammlung gestohlen worden. Als der X davon in der Zeitung liest, kommt er auf die Idee, daraus für sich Kapital zu schlagen. Er ruft K an und erklärt, er sei im Besitz des Bildes. Dann verlangt er ein Lösegeld von 50.000 €, andernfalls werde er das Bild verbrennen. K zahlt das Lösegeld. –*

*In derartigen **Trittbrettfahrer**-Fällen täuscht der Täter vor, die Drohung auch in die Tat umsetzen zu können. Das ist aber in Wirklichkeit nicht der Fall. Entscheidend ist aber der Blickwinkel des Opfers: der Bedrohte kann nicht erkennen, welche Möglichkeiten der Drohende tatsächlich hat. Die Wirkung für das Opfer ist auf jeden Fall die gleiche. Nimmt der Bedrohte die Drohung ernst und hat der Täter das gewollt, so liegt § 253 StGB vor. Gleichzeitig beinhaltet das Verhalten des X hier auch eine Täuschung, die aber lediglich der Verstärkung der Drohung dient und daher keine eigenständige Bedeutung hat.*

Es reicht zudem aus, wenn der Täter die als Drohung erneuter Gewalthandlungen weiterwirkende Zwangslage des Opfers bewusst dazu ausgenutzt hat, diesem Geld abzupressen (BGH NStZ 2004, 556).

Fraglich ist, ob bei Gewalt als Tatmittel nur "vis compulsiva" (Einwirkung auf den Willen des Opfers) in Betracht kommt oder ob auch die stärkere Form der "vis absoluta" (willensausschließende Gewalt) den Tatbestand erfüllen kann. Dies hängt mit der Frage zusammen, **ob § 253 StGB eine Vermögensverfügung voraussetzt**. Da bei "vis absoluta" jedes eigenständige Verhalten des Opfers ausscheidet, kann schon begrifflich keine Verfügung vorliegen. Diese setzt das unmittelbare Einwirken des Opfers auf das geschädigte Vermögen voraus, was nur beim Einsatz von "vis compulsiva" möglich ist.

## Handlung, Duldung oder Unterlassung

Sehr **umstritten** ist hier, ob das Verhalten des Opfers eine **Vermögensverfügung** darstellen muss oder ob hier jede auch nur mittelbare Schädigung ausreicht, die darin besteht, dass der Genötigte oder dem Täter oder einem Dritten den schädigenden Eingriff in das Vermögen möglich macht oder erleichtert.

## Begründungen dieser Streitfragen

Die **Literaturmeinung**, die das Vorhandensein einer willensgesteuerten Verfügung des Opfers verlangt, begründet dies in erster Linie mit dem Vergleich zu § 263 StGB. Während der Betrug gem. § 263 StGB das Vermögen gegen Angriffe durch Täuschung schütze, richte sich der Tatbestand der Erpressung nach § 253 StGB gegen Angriffe durch Druckmittel wie Drohung und Gewalt. Da auch beim Betrug eine unmittelbare Selbstschädigung des Opfers in Form einer Vermögensverfügung erforderlich sei, müsse dies beim parallel gelagerten § 253 StGB ebenfalls so sein.

LK-Lackner, § 253 StGB Rdnr. 10, Schönke-Schröder-Eser § 253 Rdnr. 7.

Abzustellen sei dabei auf die innere Willensrichtung des Opfers. Übertrage er seinen Gewahrsam willentlich – also mit einem faktischen, wenn auch erzwungenen Einverständnis – so liegt ein Geben und damit eine für die Strafbarkeit nach §§ 253, 255 StGB zu fordernde Vermögensverfügung vor. Denkt der Genötigte demgegenüber, er habe keine Wahl und das Tatobjekt sei auch ohne seine Mitwirkung dem Zugriff des Täters ausgeliefert, so sei auch dann eine Wegnahme gegeben, wenn das Opfer dem Täter die Sache aushändige und nicht lediglich die Wegnahme dulde.

Die **Rechtsprechung** verlangt demgegenüber keine Vermögensverfügung und lässt auch die Duldung einer Wegnahme durch das Opfer ausreichen. Nach dieser Ansicht liegt in jeder Wegnahme zwingend auch die entsprechende Duldung durch das Opfer. Demnach ist bei Vorliegen des Tatbestandes des § 249 StGB immer auch eine räuberische Erpressung gegeben, die aber durch den spezielleren Raubtatbestand verdrängt werde. Immer dann, wenn § 249 StGB nicht einschlägig sei, sei noch die Bestrafung gleich einem Räuber über §§ 253, 255 StGB möglich.

BGH 14, 387; 41, 125; BGH NStZ-RR 97, 321; BGH NStZ 99, 350; Herdegen LK 9, § 249 RN 24

Gegen die Literaturansicht wird als kriminalpolitische Überlegung vorgebracht, dass diese den brutaleren Täter ungerechtfertigt besser stellt. Der Täter, der ohne einen Diebstahl zu begehen, "vis absoluta" einsetze, wird weder nach § 249 StGB noch nach §§ 253, 255 StGB bestraft, während bei der Anwendung des milderen Nötigungsmittels der "vis compulsiva" eine räuberische Erpressung gegeben sei.

## Konsequenzen dieser Streitfrage

Die Streitfrage gewinnt immer dann an Bedeutung, wenn ein Raub mangels Vorliegens eines Diebstahls ausscheidet.

So scheidet bei der gewaltsamen Wegnahme einer Sache zum vorübergehenden Gebrauch Raub mangels Zueignungsabsicht aus, denn der erforderliche Enteignungswille fehlt immer dann, wenn der Täter den entwendeten Gegenstand ohne wesentlichen Wertverlust zurückgeben will. Verlangt man nun keine Vermögensverfügung, so kann dieses Verhalten als räuberische Erpressung gewertet werden, denn auch die Gebrauchsmöglichkeit ist ein Vermögensvorteil. Da keine Vermögensverfügung vorliegt, muss die Gegenansicht §§ 253, 255 StGB verneinen.

Praktische Konsequenzen hat die Lösung der Streitfrage also immer dann, wenn die durch Gewalt begangene Tat kein Diebstahl ist, sondern Delikte wie Gebrauchsanmaßung (§ 248 b StGB), Pfandkehr (§ 289 StGB) oder Wilderei (§ 292 StGB) vorliegen.

## Vermögensnachteil

Der Nachteil für das Vermögen ist identisch mit dem Vermögensschaden des Betruges. Es kann daher auf die Ausführungen im Besonderen Teil, Band 1 verwiesen werden.

Wer bei § 253 StGB wie beim Betrug eine Vermögensverfügung verlangt, muss an dieser Stelle zusätzlich fordern, dass Genötigter und Verfügender identisch sind, nicht aber Verfügender und Geschädigter.

## Subjektiver Tatbestand

Auf der subjektiven Seite ist neben dem **Vorsatz** (mindestens als dolus eventualis) die **Absicht** erforderlich, sich oder einen Dritten aus dem Schaden stoffgleich **zu bereichern**. Das Merkmal der Stoffgleichheit entspricht ebenfalls dem des § 263 StGB. Diese Stoffgleichheit bedeutet, dass der Schaden und der Vorteil durch ein- und dieselbe Vermögensverfügung hervorgerufen worden sein müssen.

Die erstrebte Bereicherung muss **rechtswidrig** sein. Dies ist dann der Fall, wenn sie der Rechtsordnung widerspricht, weil der Täter keinen zivil- oder öffentlich-rechtlichen fälligen und einredefreien Anspruch auf den Vermögensvorteil hat. Entspricht das mit der Tathandlung der Erpressung verfolgte Endziel der Rechtsordnung, so fehlt es an dem für die Erpressung erforderlichen normativen Tatbestandsmerkmal der Rechtswidrigkeit der Bereicherung

BGH NStZ-RR 2004, 45

**Hinweis:** Bei der Erpressung muss sich der zumindest bedingte Vorsatz des Täters auf die Rechtswidrigkeit des erstrebten Vermögensvorteils erstrecken. Stellt sich deshalb der Täter für die erstrebte Bereicherung eine Anspruchsgrundlage vor, die in Wirklichkeit nicht besteht oder von der Rechtsordnung nicht geschützt ist, so handelt er in einem Tatbestandsirrtum im Sinne des § 16 Abs. 1 S. 1 StGB (BGH NStZ 2002, 481). **Dies ist besonders klausurrelevant**!

## Rechtswidrigkeit

Da § 253 StGB ein sog. offener Tatbestand ist, ist die Rechtswidrigkeit positiv zu prüfen. Rechtswidrig ist die Tat daher auch wenn keine Rechtfertigungsgründe vorliegen, nur dann, wenn die Tat und der mit der Tat verfolgte Zweck **verwerflich** sind. Diese Verwerflichkeitsprüfung erfolgt anhand der **Zweck-Mittel-Relation** des § 253 II StGB.

**Hinweis:** Liegen allerdings die Nötigungsmittel des § 255 StGB vor, so ist allein aus dem Einsatz dieser Mittel auf die Verwerflichkeit zu schließen.

## Qualifikation gem. § 253 IV S.2 StGB

Die Strafschärfung nach § 253 IV Satz 2 StGB greift ein, wenn der Täter

- **gewerbsmäßig** oder
- als Mitglied einer **Bande** handelt, die sich zur fortgesetzten Begehung einer Erpressung verbunden hat.

**Gewerbsmäßig handelt, wem es darauf ankommt, sich aus wiederholter Begehung eine Haupt- oder Nebeneinnahmequelle von einiger Dauer und einigem Umfang zu schaffen.**

## Räuberische Erpressung § 255 StGB

Die räuberische Erpressung nach § 255 StGB ist ein gegenüber § 253 StGB **qualifizierter Tatbestand**. Qualifikationsmerkmal ist der Einsatz der verschärften Druckmittel

- Gewalt gegen Personen oder
- die Drohung mit gegenwärtiger Gefahr für Leib oder Leben.

Da der Täter des § 255 StGB "gleich einem Räuber" zu bestrafen ist, kommen die Qualifikationen der §§ 250, 251 StGB auch bei der räuberischen Erpressung zur Anwendung.

## Wiederholungsfragen zu Erpressung und räuberischer Erpressung

| | |
|---|---|
| 1. Wodurch unterscheiden sich die §§ 253 StGB und 255 StGB? | Die räuberische Erpressung nach § 255 StGB ist ein gegenüber § 253 StGB qualifizierter Tatbestand, wobei Qualifikationsmerkmal der Einsatz der verschärften Druckmittel Gewalt gegen Personen oder die Drohung mit gegenwärtiger Gefahr für Leib oder Leben sind. |
| 2. Muss der Täter das angedrohte Übel tatsächlich einsetzen können? | Es reicht aus, wenn Täter das Übel lediglich in Aussicht stellt. Es genügt, wenn der Täter bewirkt, dass der Bedrohte den Eintritt des Übels für möglich hält. Nicht erforderlich ist, dass der Täter tatsächlich in der Lage ist, das Übel auch in die Tat umzusetzen. |
| 3. Ist bei der Erpressung eine Vermögensverfügung erforderlich? | Das ist umstritten. Die h.L. bejaht dies in Parallelität zu § 263 StGB, während die Rechtsprechung dies nicht für erforderlich ansieht. |
| 4. Wann wird diese Streitfrage praktisch relevant? | Wenn Gewalt oder Drohung zur Wegnahme eingesetzt wird, aber kein Diebstahl dadurch begangen wird. Dann scheidet Raub aus. § 253 StGB kann nur dann angenommen werden, wenn man keine Verfügung verlangt. |
| 5. Welche subjektiven Voraussetzungen verlangt § 253 StGB? | Auf der subjektiven Seite ist neben dem Vorsatz (mindestens als dolus eventualis) die Absicht erforderlich, sich oder einen Dritten aus dem Schaden stoffgleich zu bereichern. |
| 6. Was ist bei der Rechtswidrigkeit zu beachten? | Die Rechtswidrigkeit ist positiv zu prüfen. |
| 7. Folge? | Rechtswidrig ist die Tat daher, auch wenn keine Rechtfertigungsgründe vorliegen, nur dann, wenn die Tat und der mit der Tat verfolgte Zweck verwerflich sind. |
| 8. Wie ist die Verwerflichkeit zu ermitteln? | Die Verwerflichkeitsprüfung erfolgt anhand der Zweck-Mittel-Relation des § 253 II StGB. |

## Fall 2 (Der ratlose Eheberater)

*Der abgebrochene Student S verdient sein Geld als Eheberater. Die Geschäfte laufen mäßig. Um seine Chancen auf dem hart umkämpften Beratungsmarkt zu verbessern, will er in Dresden an einem Fachseminar teilnehmen.*

*Für den einwöchigen Kurs mietet er sich im Hotel "Zum weißen Hirschen" unter seinem richtigen Namen ein; er gibt dort auch seine Adresse an.*

*Am Ende des Lehrgangs stellt er entsetzt fest, dass er am Vorabend bei einem Kneipenzug durch die Dresdener Altstadt seine Brieftasche mit seinem ganzen Bargeld verloren hat. Über andere Mittel verfügt er nicht, so dass er die Hotelrechnung nicht bezahlen kann.*

*Ratlos zieht er sich auf sein Hotelzimmer zurück. Dort hat er in seinem Gepäck noch einen Wertgegenstand, nämlich eine teure Taschenuhr, die er von seinem Großvater geschenkt bekommen hat. Dieses Erinnerungsstück will er aber auf keinen Fall verlieren.*
*Aus seinen im abgebrochenen Studium gewonnenen Rechtskenntnissen glaubt der S zu wissen, dass der Hotelinhaber H berechtigt sei, dieses wertvolle Stück wegen seiner Zahlungsunfähigkeit an sich zu nehmen. Dies will er verhindern. Er entschließt sich deshalb, noch in der gleichen Nacht mit seinem gesamten Gepäck den "Zum weißen Hirschen" zu verlassen.*

*Allerdings hat das Hotel einen Nachtportier, der von seinem Platz aus alle Ausgänge überwachen kann. S schleicht sich mit seinem Gepäck nach unten, hält dem Nachtportier N eine ungeladene Gaspistole vor die Nase und zwingt ihn dazu, mit ihm in die Besenkammer zu kommen. Dort knebelt und fesselt er den N mit einer Wäscheleine.*

*Als der S danach an der Rezeption vorbeigeht, entdeckt er die offen stehende Kasse mit Geld, das er an sich nimmt.*

*Am nächsten Morgen wird der N - wie von S erwartet - von einer Putzfrau entdeckt und von dem schmerzenden Strick befreit.*

*Prüfen Sie die Strafbarkeit des S nach StGB. Erforderliche Strafanträge sind gestellt.*

### Lösungsvorschlag

Der S könnte sich nach §§ 253, 255, 250 I Nr. 1, 250 I Nr. 2 StGB strafbar gemacht haben, indem er den N überfiel.

**Objektiver Tatbestand**
Die erforderliche Drohung mit einem empfindlichen Übel könnte im Vorhalten der Gaspistole gesehen werden. Problematisch ist aber, ob auch das Vorhalten der ungeladenen Schusswaffe eine Drohung mit einem empfindlichen Übel darstellt. Für den Begriff der Drohung ist aber unerheblich, ob der Täter das angedrohte Übel tatsächlich realisieren kann. Entscheidend ist, dass aus der Sicht des Opfers die Drohung ernst zu nehmen ist.

Da für den Nachtportier N nicht erkennbar war, dass die Waffe nicht geladen ist, hat er die Drohung ernst genommen. Es liegt also eine Drohung mit einem empfindlichen Übel vor.

Fraglich ist aber auch, ob nicht darin bereits die Anwendung von Gewalt gegen eine Person vorliegt (§ 255 StGB). Es ist umstritten, ob das Vorhalten einer ungeladenen Schusswaffe auch das Tatbestandsmerkmal der Gewalt erfüllen kann. Dies kann aber dahinstehen, wenn die Gewalt aus anderen Gründen vorläge. Indem der S den N fesselt, liegt jedenfalls in dieser Hinsicht die Anwendung von Gewalt gegen eine Person vor. Im Ergebnis kann mithin die Gewaltanwendung gegen eine Person ebenfalls bejaht werden.

Zu prüfen ist weiterhin, ob eine Vermögensverfügung gegeben ist. Dabei stellt sich allerdings die Vorfrage, ob für den Tatbestand der Erpressung überhaupt eine Vermögensverfügung erforderlich ist. Dies ist umstritten.

Die herrschende Lehre verlangt - in Abgrenzung zu § 249 StGB - bei § 253 eine Vermögensverfügung und sieht in § 253 StGB das parallele Delikt zu § 263 StGB, während für den Raub gem. § 249 StGB die Wegnahme tatbestandserheblich sei.

Demgegenüber verlangt die Rechtsprechung keine Vermögensverfügung bei § 253 StGB.

Der Streit wäre aber nur zu entscheiden, wenn dieser für die Falllösung relevant wäre. Dies wäre nur der Fall, wenn es an einer Verfügung fehlt.

Die Drohung des S führt dazu, dass der N in die Besenkammer geht und die Fesselung duldet. Die Fesselung bewirkt wiederum, dass der N das Verschwinden des S nicht verhindern kann. Somit könnte man eine Einwirkung auf das Vermögen des Hotels bejahen.

Eine Verfügung muss jedoch weitergehend eine unmittelbar vermögensschädigende Wirkung haben. Dies ist im zu bearbeitenden Sachverhalt aber gerade nicht der Fall, so dass hier im Verhalten des N keine Verfügung gesehen werden kann. Daher wäre nach der h.L. § 253 zu verneinen und die Prüfung an dieser Stelle hier beendet.

Gegen die Literaturansicht wird als kriminalpolitische Überlegung vorgebracht, dass diese den brutaleren Täter ungerechtfertigt besser stellt. Der Täter, der ohne einen Diebstahl zu begehen, "vis absoluta" einsetze, wird weder nach § 249 StGB noch nach §§ 253, 255 StGB bestraft, während bei der Anwendung des milderen Nötigungsmittels der "vis compulsiva" eine räuberische Erpressung gegeben sei. Daher ist der Ansicht der Rechtsprechung zu folgen.

Weiter muss der S durch die Nötigung des N einen Vermögensschaden verursacht haben.

Zu differenzieren ist hier zwischen der Forderung des Hotels "Zum weißen Hirschen" auf Bezahlung des Zimmerpreises und dem gesetzlichen Pfandrecht an den von S eingebrachten Sachen.

Die Forderung des Hotels "Zum weißen Hirschen" auf Bezahlung des Zimmerpreises ist bereits entstanden. Der Name des S war einschließlich seiner korrekten Adresse dem Hotel bekannt. Durch den eigenmächtigen Auszug des S hat sich an dieser Situation nichts geändert, es ist also kein Schaden eingetreten.

Dem Hotel "Zum weißen Hirschen" steht jedoch gem. § 704 BGB ein Vermieterpfandrecht zu, das sich auf alle von dem S in die Räume des Hotels eingebrachten Sachen erstreckt, also auch auf die wertvolle Taschenuhr. Mit dem Auszug des Gastes erlischt das Vermieterpfandrecht (§§ 704 S. 2, 560 S. 1 BGB), sofern der Gast den Gegenstand nicht ohne Wissen oder unter dem Widerspruch des Vermieters wegschafft.

Durch seine Zwangsmaßnahmen hat der S verhindert, dass der N als Vertreter des Hotels "Zum weißen Hirschen" diesen Widerspruch erklärt. Das Pfandrecht erlischt somit durch den Auszug des S. Ein Vermögensschaden des Hotels liegt daher vor.

Der objektive Grundtatbestand der §§ 253, 255 StGB ist mithin gegeben.

Da der Täter des § 255 StGB "gleich einem Räuber" zu bestrafen ist, kommen die Qualifikationstatbestände der §§ 250, 251 StGB auch bei der räuberischen Erpressung zur Anwendung.

Fraglich ist, ob die Verwendung der nicht geladenen Gaspistole den Qualifikationstatbestand gem. § 250 I Nr. 2 StGB erfüllt.

Eine Waffe i.S.d. § 251 Abs.2 StGB ist nur eine solche, die nach ihrer Art und ihrem Verwendungszweck in der konkreten Situation dazu geeignet ist, Widerstand zu verhindern oder zu brechen. Es muss sich um eine funktionsfähige Waffe handeln, bei Schusswaffen also eine mit scharfer Munition einsatzbereite Waffe. Dies ist nicht der Fall, so dass diese Qualifikation ausscheidet.

Weitere Qualifikationen des Abs. II sind nicht ersichtlich.

Zu prüfen bleibt die Qualifikation gem. § 250 I Nr. 1 b StGB.

Die Vorschrift des § 250 I Nr. 1 b StGB erfasst als Auffangtatbestand sonstige Werkzeuge, die nicht die Voraussetzungen des gefährlichen Werkzeuges i.S.d. § 250 I Nr. 1 b StGB erfüllen. Hier ist zusätzlich erforderlich, dass der Täter die Waffe bei sich führt, um den Widerstand einer anderen Person durch Gewalt oder Drohung mit Gewalt zu verhindern oder zu überwinden. Erforderlich ist also Nötigungsabsicht des Täters.

Das Problem liegt hier darin, dass der Täter mit der Scheinwaffe nur drohen kann, sie aber im geplanten Einsatz meist nicht gefährlich ist. Fraglich ist deshalb, ob Scheinwaffen für die Erfüllung des Tatbestands genügen. Dies ist umstritten.

Die Literatur hat angesichts des hohen Strafrahmens darauf abgestellt, ob die Waffe durch Einsatz auf andere Weise - z.B. als Schlagwerkzeug - objektiv geeignet ist, Leib oder Leben zu gefährden.

Schönke-Schröder-Eser, § 263 StGB Rdnr. 15.

Demgegenüber stellt die Rechtsprechung auf die Schutzwürdigkeit des Opfers ab und bejaht im Hinblick darauf auch bei einer objektiv ungefährlichen Scheinwaffe die Anwendbarkeit der Qualifikation.

BGH 38, 116, 117

Versteht man die Norm des § 250 I Nr. 1 b StGB als Auffangtatbestand (so die Begründung des 6. Strafrechtsreformgesetzes), dann spricht einiges dafür, grundsätzlich auch die Verwendung von Scheinwaffen einzubeziehen.

In der Rechtsprechung ist zur alten Gesetzesfassung hier weitergehend die Einschränkung gemacht worden, dass die Qualifikation ausscheidet, wenn der Gegenstand schon nach seinem äußeren Erscheinungsbild offensichtlich ungefährlich und deshalb nicht geeignet ist, mit ihm auf den Körper eines anderen in erheblicher Weise einzuwirken.

Da es der Gaspistole nicht anzusehen ist, dass sie als Schusswaffe objektiv ungefährlich ist, kann sich hieraus, selbst wenn man dieser Auffassung folgt, in unserem Fall keine Einschränkung ergeben.

Die Qualifikation des § 250 I Nr. 1 b StGB ist also zu bejahen.

**Subjektiver Tatbestand**

Der subjektiv erforderliche Vorsatz bezüglich der Merkmale des §§ 253, 255 StGB ist gegeben.

Zu prüfen bleibt, ob der S auch mit dem erforderlichen Vorsatz hinsichtlich der Qualifizierung handelte. Bei § 250 I Nr. 1 b StGB genügt im objektiven Tatbestand das bloße Mitführen des Werkzeugs. Einen dementsprechenden Vorsatz hatte der S. Ein entsprechender Wille, das Werkzeug in irgendeiner Weise als Schlagwerkzeug einzusetzen, ist nach der Neufassung des Gesetzes nicht erforderlich.

Rechtswidrigkeit und Schuld liegen vor. Damit hat sich der S gem. §§ 253, 255, 250 I Nr. 1 b StGB strafbar gemacht.

Der S könnte sich durch den Überfall auf den N wegen Betruges gegenüber und zum Nachteil des N nach § 263 StGB strafbar gemacht haben.

**Objektiver Tatbestand**

Dazu bedarf es zunächst einer Täuschungshandlung.

Im Vorhalten der ungeladenen Gaspistole liegt eine falsche Tatsachenbehauptung über die Funktionsbereitschaft der Waffe. Damit ist eine Täuschung des N gegeben. Dieser Täuschung kommt jedoch im Vergleich zur dominierenden Drohung keine eigenständige strafrechtliche Bedeutung zu. § 263 StGB liegt daher nicht vor.

Die gleichzeitig vorliegende Freiheitsberaubung (§ 239 StGB) und Nötigung (§ 240 StGB) tritt zurück hinter der Strafbarkeit wegen räuberischer Erpressung.

In dem Verhalten des S liegt zudem eine Körperverletzung gem. § 223 StGB ("schmerzende Stricke"), die ihre eigenständige Bedeutung behält (Idealkonkurrenz).

Möglicherweise hat sich der S noch wegen Pfandkehr nach § 289 StGB strafbar gemacht, indem er seine eigene wertvolle Uhr aus dem Machtbereich des Hotels entfernt.

Der objektive Tatbestand dieser Vorschrift verlangt, dass dem Pfandgläubiger eine eigene bewegliche Sache des Täters weggenommen wird.

Das Bestehen des Vermieterpfandrechts ist bereits oben erörtert worden.

Fraglich ist aber, ob § 289 StGB wie § 242 StGB die Wegnahme aus dem Gewahrsam des Pfandgläubigers verlangt.

Problematisch ist dabei im konkreten Fall, dass das Vermieterpfandrecht des Hotels "Zum weißen Hirschen" ein besitzloses Pfandrecht ist, das Hotel also keinen Gewahrsam an den Sachen des S erlangt hat. Legt man den Begriff der Wegnahme bei § 289 StGB aus wie bei § 242 StGB, so wäre das Vermieterpfandrecht nicht geschützt.

Nach h.M. wird jedoch auch die Vereitelung der Zugriffsmöglichkeiten geschützt, die einen rechtlich fundierten Machtbereich gewähren. Da die Bediensteten des Hotels innerhalb des Hotelgebäudes - ungeachtet des Gewahrsams des S - Zugriffsmöglichkeiten auf die Sachen hatten, die auch durch das Vermieterpfandrecht rechtlich abgesichert waren, ist eine Wegnahme iSd § 289 StGB nach h.M. zu bejahen.

Auf der subjektiven Seite ist Vorsatz des S und seine rechtswidrige Absicht zu bejahen.

Da Rechtswidrigkeit und Schuld ebenfalls gegeben sind, ist der S auch nach § 289 StGB strafbar.

Durch die Mitnahme des Geldes könnte sich S zudem wegen Raubes nach § 249 StGB strafbar gemacht haben.

**Objektiver Tatbestand**
Die Wegnahme einer fremden beweglichen Sache ist gegeben.

Diese Wegnahme müsste durch Anwendung von Gewalt ermöglicht worden sein.

Fraglich ist also, ob eine Gewaltanwendung als Mittel zur Wegnahme vorlag, als der S die Kasse des gefesselten N ausplünderte.

Der S wendet dabei zwar keine neue Gewalt an, aber er kann die Wegnahme nur deshalb ungehindert begehen, weil der N gefesselt in der Besenkammer ist. Der S nutzt also die zuvor zu einem anderen Zweck geschaffene Gewaltsituation zur Wegnahme des Geldes aus der Kasse aus. Diese Aufrechterhaltung einer zuvor geschaffenen Zwangslage reicht für den Raubtatbestand aus.

Der S handelt mit Vorsatz hinsichtlich aller Merkmale des objektiven Tatbestandes sowie mit der Absicht sich das Geld rechtswidrig zuzueignen. Deshalb ist der subjektive Tatbestand ebenfalls erfüllt.

Da auch Rechtswidrigkeit und Schuld gegeben sind, liegt § 249 StGB vor.

Zusätzlich hat der S auch die §§ 242, 243 I Nr. 6 StGB erfüllt. Diese Strafbarkeit tritt aber hinter § 249 StGB zurück!

§§§§§§§§§§§§§§§§§§§§§§§§§§§§§§§§

## Fall 3 (Der listige Autokäufer)

*Der X will seinen drei Jahre alten Golf GTI für 15.000 Euro verkaufen und fährt mit dem Wagen auf einen privaten Automarkt. Dort interessiert sich der A für das Fahrzeug. Nachdem sie einige Zeit über das Fahrzeug gesprochen haben und der A den Golf auch besichtigt hat, bittet er um eine Probefahrt. Der X ist einverstanden.*
*Beide steigen in das Fahrzeug, X auf dem Fahrersitz, A auf dem Beifahrersitz. Nachdem sie einige Kilometer gefahren sind, möchte der A einmal selbst fahren. Der X ist einverstanden und hält auf einem Parkplatz an. X steigt auf der Fahrerseite aus, lässt aber den Schlüssel stecken. Während der X zur Beifahrertüre geht, rutscht der A im Fahrzeug auf den Fahrersitz. Dann drückt er den Verriegelungsknopf für die Zentralverriegelung herunter. Als der X die Beifahrertüre öffnen will, ist diese verschlossen. Während der X an der Türe rüttelt und gegen die Scheibe klopft, startet der A den Wagen und fährt davon.*

*Am Abend erzählt der A seinem Freund B von der Geschichte. Dabei bekommt A Gewissensbisse und bittet den B, das Fahrzeug zurückzugeben. A will mit der Sache nichts mehr zu tun haben.*
*B fährt daraufhin den Golf zurück zur Wohnung des X, dessen Adresse er im Fahrzeug gefunden hat, und stellt das Fahrzeug in einer Seitenstraße ab. Dann beschließt er, aus der Sache für sich selbst Kapital zu schlagen. Er schellt bei X an und erklärt ihm, er wisse, wo sein Wagen stehe. X solle ihm sofort 2.000 Euro zahlen, dann verrate er ihm das Versteck. Sonst sei der Golf endgültig weg. X ist verärgert, aber gleichzeitig erfreut, dass er seinen Wagen wiederbekommt und zahlt. Daraufhin erklärt ihm der B, dass sein Wagen in der Seitenstraße stehe.*

*Prüfen Sie die Strafbarkeit von A und B.*

## Lösungsvorschlag

**Strafbarkeit des A:**
Der A könnte sich wegen Raubes gem. § 249 StGB strafbar gemacht haben, als er den Wagen in seine Gewalt bringt.

Der objektive Tatbestand des § 249 StGB setzt zunächst die Wegnahme einer fremden beweglichen Sache voraus.

Da der Golf dem X gehört, ist er eine für den A fremde bewegliche Sache. Diese hat der X in Gewahrsam, den der X auch nicht beim Verlassen des PKW aufgegeben hat. Es liegt lediglich eine Gewahrsamslockerung vor.

Diesen Gewahrsam hat der A gebrochen, als er mit dem Wagen davonfährt.

Fraglich ist aber, ob diese Wegnahme mittels Gewalt gegen eine Person erfolgt ist.

Möglicher Anknüpfungspunkt ist hier das Verriegeln des Fahrerzeuges, um den X auszusperren.

Gewalt direkt gegen eine Person wird hier nicht eingesetzt. Es ist aber anerkannt, dass Gewalt gegen eine Sache dann als personenbezogene Gewalt im Sinne des Raubes zu bewerten ist, wenn diese unmittelbar vom Adressaten als körperliche Zwangseinwirkung empfunden wird. Eindeutig wäre dies hier zu bejahen, wenn der X eingesperrt worden wäre. Die h.M. stellt das Aussperren dem Einsperren gleich mit der Folge, dass hier Raub zu bejahen wäre.

Vgl. BGHSt 18, 133; OLG Düsseldorf NZV 1996, 459

Die Gegenansicht führt dazu aus, dass das Aussperren mit dem Einsperren nicht vergleichbar sei. Einsperren sei dem Fesseln ähnlich, während das ausgesperrte Opfer sich weiterhin frei bewegen könne, also nicht dem gleichen Zwang ausgesetzt sei. Folgt man dieser Ansicht, dann scheidet Raub aus.

Denkbar ist hier auch eine Argumentation anhand der Parallelfälle des Handtaschenraubes. Dort ist anerkannt, dass das bloße Ausnutzen des Überraschungsmomentes keine Gewaltanwendung darstellt, die den Raubtatbestand erfüllt. Ähnlich geht der Täter hier vor: sein Verhalten ist eher von List und Schnelligkeit geprägt als von Gewalt gegen eine Person. Danach wäre hier ebenfalls Raub zu verneinen.

*Beide Ergebnisse sind hier mit entsprechender Begründung gut vertretbar.*

Wird Gewalt gegen eine Person bejaht, so sind der subjektive Tatbestand, die Rechtswidrigkeit und die Schuld gegeben. Die Strafbarkeit aus § 249 StGB ist dann zu bejahen.

Der A könnte sich wegen eines räuberischen Angriffs auf Kraftfahrer gem. § 316 a StGB strafbar gemacht haben.

*Hinweis: Nur wer § 249 StGB bejaht, muss § 316 a StGB prüfen!*

Fraglich ist, ob der A gleichzeitig einen Angriff auf die Entschlussfreiheit eines Fahrzeuginsassen verübt hat.

Die Tat des § 316 a StGB muss unter Ausnutzung der besonderen Verhältnisse des Straßenverkehrs erfolgen. Der Täter muss also die typischerweise mit dem Autoverkehr verbundenen Gefahren für sein Vorhaben ausnutzen. Dabei muss die Tat in enger Beziehung zur Benutzung des Fahrzeuges als Verkehrsmittel stehen.

Dazu ist nicht unbedingt erforderlich, dass sich das Opfer im Fahrzeug befunden haben muss. Allerdings muss die Tat unter Ausnutzung der besonderen Verhältnisse des Straßenverkehrs erfolgt sein. Dieses Merkmal hat die Aufgabe, Situationen zu kennzeichnen, in denen die Möglichkeiten der Abwehr verringert sind, sei es durch die besondere Beanspruchung des Fahrzeuglenkers oder die Verhinderung der Flucht für den Beifahrer. Hier befand sich der X außerhalb des Fahrzeugs; die vorgenannten Erschwerungen trafen also auf ihn nicht zu. Zwar war der PKW als Beförderungsmittel zum Tatort benutzt worden. Der Tatort als solcher spielte aber keine Rolle; der A hatte nicht gezielt eine einsame Stelle ansteuern lassen. Dass der Wagen dem A zur anschließenden Flucht diente, ist ohne Bedeutung. Es ist auch unerheblich, dass der A zur Durchführung seiner Tat die technischen Vorrichtungen des Fahrzeuges – hier die Zentralverriegelung – benutzte. § 316a StGB scheidet daher aus.

Der A könnte sich letztlich wegen Nötigung gem. § 240 StGB strafbar gemacht haben.

*Wer oben bei § 249 StGB die raubspezifische Gewalt verneint hat, muss hier gesondert prüfen, ob der A zumindest einfache Gewalt iSd § 240 StGB eingesetzt hat. Dies kann mit entsprechender Begründung bejaht oder verneint werden. Vorsatz, Rechtswidrigkeit und Schuld sind gegeben.*

**Strafbarkeit des B**

Der B könnte sich wegen Erpressung gem. § 253 StGB strafbar gemacht haben.

B hat dem X erklärt, er werde ihm den Standort des PKW mitteilen, wenn der X zahle; andernfalls sei das Fahrzeug verloren. Dadurch hat der B dem X damit gedroht, das Versteck nicht preiszugeben. Er hat also mit einem Unterlassen gedroht. Die Ankündigung eines Unterlassens stellt nach der Rechtsprechung ohne weiteres eine Drohung dar, wenn das Untätigbleiben für das Opfer ein empfindliches Übel darstellt

(BGHSt 31, 195).

Die Gegenansicht verlangt hier einschränkend eine Rechtspflicht zum Handeln. Diese kann sich hier aus Ingerenz (Zusammenwirken mit dem A) und als Nebenanspruch aus dem auch gegen B bestehenden Herausgabeanspruch ergeben.

Nach beiden Ansätzen liegt somit eine Drohung vor.

Da der X das Geld gezahlt hat, ist die weiter nötige Vermögensverfügung gegeben.

Ferner bedarf es des Eintritts eines Vermögensschadens beim Opfer, also bei X. Da das gezahlte Geld deutlich weniger als der finanzielle Wert des Fahrzeuges ist, dessen Besitz der X zurück bekommt, erscheint dies fraglich. Allerdings war B gem. §§ 985, 861 BGB zur unentgeltlichen Herausgabe des Fahrzeugs verpflichtet. Der Wert des PKW kann daher nicht gegen gerechnet werden. Dem X ist daher ein Schaden entstanden.

Allerdings könnte man auch anders argumentieren: legt man wirtschaftliche Gesichtspunkte zugrunde, so ist der Anspruch auf Herausgabe des PKW wertlos, da der X ihn ohne Mitwirkung des B nicht durchsetzen kann. Mit dieser Argumentation wäre der Schaden abzulehnen.

Wer den Schaden bejaht, kann auf der subjektiven Seite den Vorsatz des B und dessen Absicht, sich aus dem Schaden des X stoffgleich zu bereichern, bejahen.

Das Verhalten des B war verwerflich i.S.d. § 253 II StGB und damit auch rechtswidrig. Schuld ist gegeben, B hat sich gem. § 263 strafbar gemacht.

*Wird § 253 StGB mangels Schadenseintritts verneint, so ist jedenfalls Nötigung gegeben.*

§§§§§§§§§§§§§§§§§§§§§§§§

## Fall 4 (Die gefährliche Bahnfahrt)

*Der Bedienstete B der Bahn AG kontrolliert im Zug die Fahrgäste. Kurz vor dem Bahnhof trifft er auf A, der ohne gültigen Fahrausweis ist. B fordert ihn auf zu zahlen; A weigert sich. Daraufhin verlangt B von A dessen Personalien, um die Sache aktenkundig zu machen. Plötzlich zieht A eine Pistole und hält sie dem B vor die Nase. So hält er den B bis zum nächsten Bahnhof in Schach. Er will damit verhindern, dass er die Fahrt bezahlen muss; auch will er seine Flucht sichern. Als der Zug hält, kann der A entkommen.*

*Strafbarkeit des A?*

### Lösungsvorschlag

Der A hat sich durch die Benutzung des Zuges ohne gültigen Fahrtausweis nach § 265 a StGB wegen Erschleichens von Leistungen strafbar gemacht.

*Ist in der Klausur auszuführen*

A könnte sich weiterhin durch das Vorhalten der Pistole wegen räuberischer Erpressung nach §§ 253, 255, 250 II Nr. 1 a StGB strafbar gemacht haben.

**Objektiver Tatbestand**

Indem der A dem B die Pistole vorhält, wendet er Gewalt in Form der vis compulsiva an. Durch die Gewalt müsste eine Handlung, Duldung oder Unterlassung des Genötigten verursacht worden sein. Der B unterlässt es hier, das bei Fahren ohne Fahrausweis fällig werdende erhöhte Beförderungsentgelt einzutreiben. Fraglich ist, ob weitergehend für § 253 eine Vermögensverfügung vorliegen muss. Dies ist umstritten.

Da in der fehlenden Geltendmachung des Entgelt eine solche Vermögensverfügung zu Lasten der Bahn AG jedoch zu sehen ist, kann der Streit hier dahinstehen.

Daraus resultiert auch ein Vermögensschaden der Bahn AG.

Da mit der Gewaltanwendung die Realisierung der Forderung auf Bezahlung vereitelt wird, tritt der Schaden auch durch die Gewaltanwendung ein.

Im subjektiven Tatbestand ist Vorsatz des A sowie Bereicherungsabsicht erforderlich. Der A setzte die Gewalt hier bewusst und gezielt ein, um zu verhindern, dass er den Fahrpreis zahlen muss. Sein beabsichtigter Vermögensvorteil liegt darin, dass er den Fahrtpreis erspart. Dieser Vorteil resultiert auch stoffgleich aus dem Schaden der Bahn AG. Dass er gleichzeitig auch seine Flucht ermöglichen wollte; ist insoweit unerheblich. Der subjektive Tatbestand ist mithin erfüllt.

Rechtswidrigkeit, Verwerflichkeit iSd § 253 II und Schuld sind gegeben

Da der Täter einem Räuber gleich zu bestrafen ist, kommen auch die Qualifikationen der §§ 250, 251 StGB zur Anwendung. Wegen des Einsatzes der Pistole liegt auch § 250 II Nr. 1 a StGB vor.

A ist also nach §§ 253, 255, 250 II Nr. 1 a StGB zu bestrafen.

§§§§§§§§§§§§§§§§§§

# 5. Kapitel

# Urkundenfälschung § 267

## Prüfungsschema zu § 267

**A. Tatbestand**

**I. objektiver Tatbestand**

**1. Tatobjekt : Urkunde**

**2.Tathandlungen**

**a. Herstellen einer unechten Urkunde**

**b. Verfälschen einer echten Urkunde**

**c. Gebrauchen einer unechten oder verfälschten Urkunde**

**II. subjektiver Tatbestand**

**1. Vorsatz**

**2. zur Täuschung im Rechtsverkehr**

**B. Rechtswidrigkeit**

**C. Schuld**

## Urkunde

Tatobjekt des § 267 sind **Urkunden.**

### Definition

**Urkunde ist jede verkörperte Gedankenerklärung,**
**die allgemein oder zumindest für Eingeweihte verständlich ist,**
**ihren Aussteller erkennen lässt**
**und zum Beweis im Rechtsverkehr geeignet und bestimmt ist.**

Dieser **Urkundenbegriff beinhaltet drei Funktionen**, die bei der Auslegung immer wieder herangezogen werden und die daher jeder Jurist kennen sollte:

| | |
|---|---|
| die **Perpetuierungsfunktion** | = verkörperte Gedankenerklärung |
| die **Beweisfunktion** | = zum Beweis im Rechtsverkehr geeignet und bestimmt |
| die **Garantiefunktion** | = die Erkennbarkeit des Ausstellers. |

## Gedankenerklärung

**Eine Gedankenerklärung ist jedes menschliche Verhalten, das geeignet ist, bestimmte Vorstellungen hervorzurufen.**

**Bsp.:** *Kaufmann K schickt an den Händler H eine Bestellung. - Dieses Schreiben enthält die Gedankenerklärung des K, dass er ein Angebot auf Abschluss eines Kaufvertrages an den H richtet.*

Diese Gedankenerklärung muss nicht allgemeinverständlich sein. Es reicht aus, wenn der Inhalt dieser Erklärung zumindest für Eingeweihte verständlich ist.

**Bsp.:** *In der Bestellung des Kaufmann K an den Händler H werden 100 Stück "XC 567/15 ATS 4711" aufgeführt. - Der Inhalt dieser Bestellung ist für Laien unverständlich. Händler K weiß jedoch, dass es sich bei "XC 567/15 ATS 4711" um einen ganz bestimmten Gegenstand handelt; für ihn - und weitere Fachleute - ist der Inhalt der Erklärung also ausreichend verständlich.*

Keine Urkunden sind sogenannte **Augenscheinsobjekte**. Ein solches Augenscheinsobjekt ermöglicht durch seine Existenz und seine konkrete Erscheinungsform erst gedankliche Rückschlüsse, verkörpert diese aber nicht.

**Bsp.:** *Bei einem Wettbewerb der Sportschützen dienen die beschossenen Zielscheiben dazu, den Sieger zu ermitteln. Diese Zielscheiben sind aber keine Urkunden, sondern Augenscheinsobjekte.*

Keine Urkunden sind auch **technische Aufzeichnungen**. Hier liegt keine menschliche Gedankenerklärung zugrunde, sondern die "Erklärung" einer Maschine (siehe hierzu § 268).

Eine solche technisch gefertigte Erklärung wird aber dann zur Urkunde, wenn sie jemand als eigene Erklärung im Rechtsverkehr gelten lassen will und sie dafür bestimmt sind (sog. EDV-Urkunden).

**Bsp.:** *Der jedem Bürger zugeschickte Einkommensteuerbescheid trägt den Zusatz "maschinell erstellt, ohne Unterschrift gültig". - Es handelt sich hierbei um eine Erklärung, die durch die EDV-Anlage der Finanzverwaltung automatisch erzeugt worden ist; den Bescheid hat dort kein menschlicher Bearbeiter mehr zur Kenntnis genommen. Dennoch gilt dieser Bescheid als Urkunde, da die Finanzverwaltung sie als eigene Erklärung in den Rechtsverkehr bringt und sie auch gegen sich gelten lassen will.*

Weitere Beispiele für diese Urkunden sind z.B.: Bescheide der Rentenversicherungsträger, Benachrichtigungen von Lebensversicherungen, ja sogar automatisch erstellte Ladungen von Gerichten. Vordrucke und Formulare bilden aber vor der Ausfüllung und Unterschrift noch keine Urkunden

## Verkörperung

Die Gedankenerklärung muss verkörpert sein. Damit wird das Erfordernis der Dauerhaftigkeit eingeführt (= Perpetuierungsfunktion). Eine solche Verkörperung fehlt z.B. beim gesprochenen Wort. Zwar sollen an dieses Erfordernis keine allzu hohen Anforderungen gestellt werden, aber eine gewisse Dauerhaftigkeit ist dennoch erforderlich.

***Bsp.:*** *Der A sitzt am Strand und schreibt eine Erklärung in den Sand. – Mangels genügender Dauerhaftigkeit keine Verkörperung.*

***Bsp.:*** *Der X schreibt eine Erklärung mit einem Bleistift auf ein Blatt Papier. - Dies reicht zur Verkörperung der Erklärung aus.*

***Bsp.:*** *Der Z schreibt auf seinem Computer eine Erklärung auf den Bildschirm, ohne diese zu speichern. - Hier liegt keine ausreichende Verkörperung vor. Die Zeichen der Erklärung befinden sich lediglich auf dem Bildschirm, also im flüchtigen Speicher des Computers. Schaltet man den Strom aus, ist die Erklärung unrettbar verloren.*

In Betracht kommen aber nicht nur eigenständige Schriftstücke, sondern auch Aufkleber, Plaketten o.ä.

Die Verkörperung muss in Form einer Visualisierung erfolgen; die Erklärung muss also optisch-visuell wahrnehmbar sein. Damit scheiden Tonaufzeichnungen ebenso aus wie Computerdisketten (hierzu siehe § 269)

## Beweisfunktion

Die verkörperte Gedankenerklärung muss

**zum Beweis von rechtlich erheblichen Tatsachen geeignet und bestimmt sein.**

## Beweiseignung

Beweiseignung bedeutet, dass die Gedankenerklärung bei einer Überzeugungsbildung mit ins Gewicht fallen kann. Die Eignung zum Beweis bestimmt sich nach objektiven Kriterien.

Die Beweiseignung ist nicht zu verwechseln mit der Wirksamkeit des dokumentierten Rechtsgeschäftes.

***Bsp.:*** *A und B schließen eine schriftliche Vereinbarung, die sich später als sittenwidrig und damit nichtig herausstellt. - Hier beinhaltet die schriftliche Vereinbarung eine verkörperte Gedankenerklärung, die auch durch die zivilrechtliche Unwirksamkeit nicht beseitigt wird. Es liegt also eine Urkunde vor.*

Es kommt dabei nicht darauf an, ob sich die mit der Tathandlung verbundene jetzige Beweisverwendung mit demjenigen Rechtsverhältnis deckt, für das die Erklärung ursprünglich abgegeben worden ist.

**Bsp.:** *Der F mietet einen Wagen bei einer Mietwagenfirma. Auf dem Antrag wird genau vermerkt, zu welchem Zeitpunkt das Formular ausgefüllt wird. Später wird der F in einen Mord verwickelt, der genau zu diesem Zeitpunkt begangen worden ist. - Hier ist der Antrag ausgefüllt worden, um die Fahrzeugmiete zu dokumentieren. Die Urkunde ist aber nicht auf diesen ursprünglichen Beweiszweck beschränkt, sondern kann später durchaus für einen anderen Nachweis Bedeutung gewinnen.*

## Beweisbestimmung

Die Beweisbestimmung, die subjektiv zu interpretieren ist, setzt einen durch einen beliebigen Akt nach außen getretenen Willen voraus, die Gedankenerklärung im Rechtsverkehr einzusetzen. Ausreichend ist dabei, dass der Handelnde weiß, ein anderer werde mit der Urkunde Beweis erbringen. Ein zielgerichtetes Handeln ist also nicht erforderlich.

Ist die Urkunde gerade zu dem Zweck errichtet worden, rechtserhebliche Tatsachen zu beweisen, dann liegt eine **Absichtsurkunde** vor.

**Bsp.:** *Der Schuldner S erbringt eine Zahlung an seinen Gläubiger. Dieser erteilt ihm wunschgemäß eine Quittung. - Die Quittung ist eine Absichtsurkunde, da sie mit dem Ziel errichtet worden ist, die Zahlung zu beweisen.*

Die Beweisbestimmung kann aber der Erklärung auch erst später beigelegt werden. Dann spricht man von einer sog. **Zufallsurkunde**.

**Bsp.:** *Der berühmte Schriftsteller S ist ein Moralapostel und setzt sich sehr für konservative Wertvorstellungen ein. Der ihm feindlich gesonnene Skandaljournalist J bekommt einen Liebesbrief in die Hände, den der S in seiner Jugend an die inzwischen anderweitig verheiratete F geschrieben hat. Um den S in Verruf zu bringen, ändert er das Datum des Schreibens und verwertet ihn in einem Zeitungsartikel. - Hier ist der Liebesbrief keine Absichtsurkunde, denn der S hat ihn nicht mit dem Ziel geschrieben, rechtserhebliche Tatsachen zu bekunden. Aber durch die Veröffentlichung des J wird dem Brief eine Beweisbestimmung beigelegt, die dieser ursprünglich nicht hatte. Es liegt eine nachträgliche Urkunde oder Zufallsurkunde vor.*

## Erkennbarkeit des Ausstellers

**Aus dem Inhalt der Urkunde muss hervorgehen, wer Aussteller der Urkunde ist.**

Es ist nicht erforderlich, dass der Aussteller aus der Urkunde direkt erkennbar ist, sondern es genügt, wenn er unter Zuhilfenahme weiterer Umstände ermittelt werden kann.

***Bsp.:*** *Der A ist in der Firma X tätig und unterbreitet der Y-AG ein Angebot auf dem Briefbogen der Firma X, das er mit "im Auftrag, A" unterschreibt. - Hier ist aus dem Namen der Firma im Briefkopf und dem Namen des A in der Unterzeichnungsformel ausreichend sicher erkennbar, wer Aussteller dieser Urkunde ist.*

Dabei muss der Aussteller nicht notwendig mit seinem Namen unterzeichnen. Es reicht ein Kürzel, eine Kennziffer o.ä. aus, wenn die notwendige Individualisierung nach Gesetz, Herkommen oder Parteivereinbarung aus der Urkunde möglich ist.

***Bsp.:*** *Der Verwaltungsbeamte B unterzeichnet einen internen Vermerk in den Behördenakten mit seiner Paraphe "Be". - Auch hier ist ein sicherer Rückschluss auf den Aussteller möglich, so dass der B als Aussteller der Urkunde identifizierbar ist.*

***Weiteres Bsp.:*** *Der Jurastudent J muss seine Prüfungsklausur entsprechend den Prüfungsvorschriften ohne Unterschrift abgeben, aber versehen mit der ihm vom Prüfungsamt zugeteilten Kennziffer "4711". - Die Kennziffer ist nur dem J zugeteilt und lässt unter Zuhilfenahme der Akten des Prüfungsamtes den Rückschluss auf J als Verfasser zu.*

Für die Ausstellereigenschaft ist es nicht erforderlich, dass die Urkunde körperlich selbst hergestellt wurde. Nach der sog. **Geistigkeitstheorie** ist Aussteller der Urkunde derjenige, dem sie geistig zuzurechnen ist und der sich zu ihr als Urheber bekennt.

***Bsp.:*** *Der gelähmte Jurastudent J kann seine Examensklausuren nicht selbst schreiben, sondern muss den X als Schreibhilfe einsetzen, dem er seine Ausführungen diktiert. - Aussteller der Klausur, die Urkunde ist, ist der J und nicht der X, denn der J ist derjenige, dem die Urkunde geistig zugerechnet wird und der sich auch zu ihr als Urheber bekennt.*

Die als Aussteller erkennbare Person muss nicht existent sein. Entscheidend ist, dass der Eindruck erweckt wird, eine tatsächlich existierende Person stehe hinter dieser Gedankenerklärung.

## Anonymität

Ist ein Schriftstück bewusst nicht unterzeichnet und kann allenfalls aus anderen Umständen, die außerhalb der Erklärung selbst liegen, auf den Aussteller geschlossen werden, so liegt keine Urkunde vor. Dies gilt bei so genannter versteckter Anonymität.

***Bsp.:*** *Der Angestellte A will seinen Chef C, der ihm gekündigt hat, bei der Steuerfahndung anschwärzen. Er schreibt daher anonym einen Brief, in dem er einige Einzelheiten über fragwürdige Steuerpraktiken des C auflistet, an das Finanzamt. - Hier liegt eine sog. offene Anonymität vor, denn es wird bewusst kein Hinweis auf den Aussteller gegeben.*

***Bsp.:*** *Der A unterschreibt den Brief mit "Willi Meier". - Der W will hier seine Urheberschaft durch den Gebrauch eines Allerweltsnamens verschleiern. Es handelt sich um den Fall der sog. versteckten Anonymität.*

## Sonderfälle der Urkunden

### Gesamturkunde

Eine Gesamturkunde liegt vor, wenn **mehrere Einzelurkunden** in **dauerhafter Form** zu einem **einheitlichen Ganzen** zusammengefügt werden und sie dadurch über einen **selbständigen Erklärungsinhalt** verfügen, der über den Erklärungsinhalt der Einzelurkunden hinausgeht.

**Bsp.:** *Der Kaufmann K rechnet vierteljährlich mit seinem Lieferanten L ab. Zu diesem Zweck werden alle in diesem Zeitraum anfallenden Lieferscheine zusammengeheftet und an den L gegeben. - Hier liegt in jedem einzelnen Lieferschein eine bestimmte Gedankenerklärung, jedoch geht die Erklärung der Gesamtheit über diese Summe der Einzelerklärungen hinaus. Darin liegt nämlich die weitergehende Erklärung, dass mit den zusammengehefteten Scheinen alles umfasst ist, was in diesem Zeitraum geliefert worden ist.*

Eine Gesamturkunde entsteht jedoch nur dann, wenn mehrere Einzelurkunden zu einem sinnvollen und geordneten Ganzen zusammengefasst werden, um damit eine **selbständige Gesamterklärung** herbeizuführen, die über den Inhalt der in ihr enthaltenen Einzelurkunden hinausgeht.

**Bsp**: *Der S wird verdächtigt, als Schlepper illegal Ausländer nach Deutschland gebracht zu haben. Um seine Auslandsaufenthalte zu verschleiern, hat er in seinem Pass einige Ein- und Ausreisestempel sowie Visa aus verschiedenen Ländern entfernt. - Die im Pass enthaltenen Stempel (Visastempel, Ein- und Ausreisestempel) sind zwar Einzelurkunden, sie bilden aber keine Gesamturkunde, da damit nicht mehrere Einzelurkunden zu einem sinnvollen und geordneten Ganzen zusammengefasst worden sind, um damit eine selbständige Gesamterklärung herbeizuführen, die über den Inhalt der in ihr enthaltenen Einzelurkunden hinausgeht.*

### Zusammengesetzte Urkunde

Es sind auch Gedankenerklärungen möglich, die sich auf einen Gegenstand beziehen und mit diesem räumlich **fest zu einer Gesamtheit verbunden** sind. Eine solche zusammengesetzte Urkunde bildet eine **Beweiseinheit**.

**Bsp.:** *Im Laden des S werden alle Waren mit Preisetiketten versehen. - Das Etikett ist für sich gesehen ein Zeichen ohne Bedeutung. Erst durch die feste Verbindung mit der jeweiligen Ware ergibt sich eine Bedeutung. Es wird dadurch die Gedankenerklärung verkörpert, der S biete diesen Gegenstand zum darauf bezeichneten Preis zum Kauf an.*

**Weiteres Bsp.**: *Am Auto des A ist ein amtliches Kennzeichen mit TÜV-Stempel und Zulassungsmarke angebracht. – Es liegt eine zusammengesetzte Urkunde vor mit der verkörperten Gedankenerklärung, dass dieses Fahrzeug unter dieser Nummer zugelassen worden ist.*

**Weiteres Bsp.:** *Der Gerichtsvollzieher G pfändet den Wohnzimmerschrank des Schuldners S, indem er ein Pfandsiegel ("den Kuckuck") auf den Schrank klebt. - Auch hier entsteht aus der Verbindung zwischen dem Pfandsiegel und dem Schrank die verkörperte Gedankenerklärung, dass der Schrank gepfändet worden ist.*

Bei zusammengesetzten Urkunden muss besonders sorgfältig auf das Merkmal "feste Verbindung" geachtet werden. Erforderlich ist eine **dauerhafte feste Verbindung**.

***Bsp.***: *Der Tankwart T muss den abgemeldeten Gebrauchtwagen des X zu einem anderen Händler bringen. Dazu benutzt er ein seiner Tankstelle zugeteiltes "Rotes Nummernschild", das er mit einem Klebestreifen locker an der Windschutzscheibe befestigt. - Hier fehlt es an der erforderlichen festen Verbindung zwischen den beiden Teilen, so dass keine zusammengesetzte Urkunde vorliegt.*

***Weiteres Bsp.***: *S hat in seinem Supermarkt einen großen Posten billiger Hemden bekommen, die jeweils in einer offenen Plastiktüte verpackt sind, auf denen er die Preisetiketten angebracht hat. Die Kunden haben bereits etliche der Hemden aus den Tüten genommen und auf dem Wühltisch verteilt. - Auch hier fehlt es an der erforderlichen festen Verbindung zwischen Hemd und Preisetikett. Das Preisschild klebt lediglich auf den Plastiktüten, denen es ihrerseits an einer ausreichend festen Verbindung zu den Hemden fehlt.*

Zusammengesetzte Urkunden bedürfen weiter auch einer räumlichen Überschaubarkeit des Augenscheinsobjekts, auf das sich die Gedankenerklärung bezieht.

***Bsp.***: *A. erhielt wegen einer Geschwindigkeitsüberschreitung einen Bußgeldbescheid, gegen den er Einspruch einlegte. Er legte ein Foto der Messstelle vor, nachdem er die Beschilderung (30 km/h) mit 50 km/h-Folien überklebt hatte. - Das im öffentlichen Straßenraum aufgestellte Verkehrsschild ist keine Urkunde i. S. des § 267 StGB. Zwar hat das Schild als Verwaltungsakt (Allgemeinverfügung) Rechtserheblichkeit. Auch ist die zuständige Straßenverkehrsbehörde als Aussteller oder Urheber erkennbar. Es handelt sich aber nicht um eine zusammengesetzte Urkunde, die zum Beweis im Rechtsverkehr bestimmt ist. Es fehlt hier an der für zusammengesetzte Urkunden nötigen räumlichen Überschaubarkeit des Augenscheinsobjekts, auf das sich die Gedankenerklärung bezieht. Es kann nicht davon ausgegangen werden, dass nach dem Willen des Ausstellers zwischen dem Verkehrszeichen und dem Straßenabschnitt, auf den sich seine Geltung bezieht, eine "Beweisbeziehung" hergestellt werden soll, die denselben Beweiswert hätte wie der eigentliche Erklärungsinhalt der Urkunde.*

Weitere **Beispiele** für zusammengesetzte Urkunden:

Kfz-Fahrgestellnummer, BGHSt 9, 235 = NJW 1956, 1665;
Lichtbildausweis, BGHSt 17, 97 = NJW 1962, 751;
amtliches Kfz-Kennzeichen, BGHSt 18, 70;
Preisauszeichnungen, OLG Köln , NJW 1979, 729;
Fahrtenschreiberaufzeichnungen, BayObLG, NJW 1981, 774

## Abgrenzung von Beweiszeichen und Kennzeichen

**Beweiszeichen sind verkörperte Gedankenerklärungen,**
**die nicht in Schriftform gehalten sind,**
**aber nach Gesetz, Herkommen oder Vereinbarung der Beteiligten**
**erkennbar eine Gedankenäußerung des Urhebers darstellen**
**und geeignet und bestimmt sind,**
**Beweis im Rechtsverkehr zu erbringen**

Solche Beweiszeichen sind z.B. das Signaturzeichen eines Künstlers auf einem Bild oder der Stempel des Fleischbeschauers auf der Schweinehälfte im Schlachthof.

Die Abgrenzung zu den bloßen Kennzeichen, die keine Urkundseigenschaft haben, ist recht schwierig; die Rechtsprechung ist hier sehr einzelfallorientiert.

**Bsp.:** *In der Stadtbücherei tragen die Bücher den Stempel "Stadtbücherei Musterhausen" sowie einen Stempelaufdruck mit einer Registrierungsnummer wie z.B. "Sachgebiet VII Gruppe 4 Buch 3456". - Hier ist der Stempelaufdruck " Stadtbücherei Musterhausen" als Beweiszeichen zu bewerten, das Urkundsqualität hat, während der Aufdruck der Registernummer lediglich der internen Ordnung dient, mithin ein bloßes Kennzeichen darstellt.*

## Abschriften und Durchschrift

Die **Durchschrift eines Schreibens**, die mittels Kohlepapier erzeugt wird, ist eine Urkunde, da sie wie das Original die eigene schriftliche Erklärung des Ausstellers verkörpert. Außerdem fertigt der Aussteller gerade die zusätzliche Durchschrift an, um sie als zusätzliches Beweismittel zur Verfügung zu haben.

Dagegen sind **einfache Abschriften** keine Urkunden. Sie geben nicht zu erkennen, wer diese Erklärung (der Abschrift) gefertigt hat; sie wiederholen stattdessen nur eine bereits vorhandene Gedankenerklärung. Sie erfüllen damit weder die Garantiefunktion noch die Beweisfunktion.

Anders liegt es bei **beglaubigten Abschriften**. Durch den zusätzlichen Beglaubigungsvermerk, der seinerseits einem bestimmten Aussteller zugeordnet werden kann, wird in der Gedankenerklärung verkörpert, dass die zugrundeliegende, ursprünglich von einem anderen Aussteller stammende Erklärung auf der Abschrift zutreffend wiedergegeben worden ist.

## Fotokopien

Fotokopien sind für sich gesehen **keine Urkunden**. Die Fotokopie enthält nur die Wiedergabe einer anderen Erklärung und lässt keinen Aussteller (der Fotokopie) erkennen. Das gilt auch für andere Reproduktionen mittels Foto- oder Computertechnik.

**Bsp.:** *Unternehmer U ist in finanziellen Schwierigkeiten. Um bei der Bank den Eindruck eines großen Auftrages hervorzurufen, kopiert er einen alten, bereits abgewickelten Auftrag. Beim Kopieren legt er einen ausgeschnittenen Zettel mit einem neuen Datum so auf die Glasplatte des Geräts, dass in der Kopie der Auftrag ein aktuelles Datum trägt. Diese Ablichtung, die den Aufdruck Kopie trägt, legt er der Bank vor. - Hier manipuliert U nicht die Originalerklärung, sondern greift in den Kopiervorgang ein, um den Erklärungsinhalt der Kopie zu verändern. Er benutzt anschließend die Kopie ausdrücklich als solche, nicht als angebliches Original. Die Kopie hat aber keine Urkundenqualität.*

Beachten Sie aber, dass durch die Vorlage der Kopie einer gefälschten Urkunde die Tatmodalitäten des **Gebrauchmachens von einer unechten Urkunde** erfüllt sind.

**Bsp.:** *Student S manipuliert sein Examenszeugnis. Von dem "verbesserten" Zeugnis macht er eine Kopie, die er einer Bewerbung um eine Stelle beilegt. - Die Manipulation am Zeugnis erfüllt die Tatmodalität des Verfälschens einer echten Urkunde. Von dieser verfälschten Urkunde macht S Gebrauch, indem er sie in Kopie bei der Bewerbung einsetzt.*

Ein mittelbares Gebrauchmachen von einer unechten oder verfälschten Urkunde durch Vorlage einer Fotokopie ist jedoch nicht gegeben, wenn durch die "Collage" der nur zum Zweck der Fotokopie lose zusammengelegten Bestandteile von zwei Urkunden keine unechte Urkunde hergestellt oder eine echte Urkunde verfälscht worden ist, von der durch die Vorlage einer Kopie Gebrauch gemacht werden könnte (BGH NStZ 2003, 543).

Etwas anders gilt dann, wenn der Täter mit Hilfe dieser Techniken eine Kopie herstellt, mit der er den **Anschein des Originals** erwecken will und die Fotokopie selbst den Anschein einer angeblich vom Aussteller herrührenden Urschrift in der Weise erweckt, dass im Rechtsverkehr die Möglichkeit einer Verwechslung besteht.

**Bsp.:** *X fährt oft mit der Bahn. Die Fahrkarten löst er meist erst im Zug. Die Schaffner drucken die Fahrkarten mit Hilfe eines tragbaren Computers aus. Zuhause setzt X sich an seinen Computer und erstellt eine Kopie eines Fahrscheines, mit dem er am nächsten Tag kostenlos fahren will. Dabei verwendet er Papier, das dem von der Bahn eingesetzten Papier gleicht. - Die von X erstellte Kopie will X gegebenenfalls bei einer Kontrolle vorweisen und dabei den Anschein eines Originalfahrscheines erwecken, der von der Bahn ausgestellt worden ist. Hier ist die Urkundeneigenschaft zu bejahen.*

Das Vorlegen einer mit fotomechanischen Mitteln manipulierten Fotokopie, die selbst nicht den Eindruck einer Originalurkunde erzeugt, vermag dagegen den Tatbestand der Urkundenfälschung nicht zu erfüllen (OLG Dresden wistra 2001, 360).

Eine Kopie oder **Fotokopie**, die nach dem Willen des Ausstellers im Rechtsverkehr **an die Stelle der Originalurkunde** treten soll, ist als Urschrift anzusehen und zu behandeln.

Eine **Collage**, die durch Zusammensetzen und Fotokopieren von Teilen mehrerer Schriftstücke erstellt worden ist, stellt selbst keine Urkunde dar. Daher erfüllt sie den Tatbestand der vollendeten Urkundenfälschung nicht, weil weder eine unechte *Urkunde* hergestellt noch von einer solchen Gebrauch gemacht wird.

**Bsp**: *A konstruierte er aus bei ihm verbliebenen Blankoformularen und alten Schriftstücken seines Steuerberaters einen Einkommensnachweis, wobei er mit einer Papierschneidemaschine mehrere Einzelstücke aus anderen Schriftstücken herausgeschnitten, diese herausgeschnittenen Einzelstücke auf einem Fotokopiergerät zusammengelegt und dann fotokopiert hatte. Nach mehrfacher Wiederholung des Fotokopiervorganges sah das Ergebnis wie die Fotokopie eines Originals aus. Diese Kopie legte der A seinem Vermieter als Einkommensnachweis vor. – Die Collage des A ist keine Urkunde, folglich hat er auch keine unechte Urkunde hergestellt. Durch die Vorlage der Ablichtung des Einkommensnachweises ist dann aber auch keine unechte Urkunde gebraucht worden. Weder die vorgelegte Fotokopie noch die ihr zugrunde liegende Vorlage waren Urkunden, denn sie enthält lediglich die bildliche Wiedergabe der in einem anderen Schriftstück verkörperten Erklärung, sie weist vor allem ihren Aussteller nicht aus und eine Beweisbedeutung kommt ihr nicht ohne weiteres zu. Die Kopie soll hier auch nicht als Original erscheinen.*

## Fax

Noch nicht endgültig geklärt ist die Frage, ob eine per Fax übermittelte Gedankenerklärung eine Urkunde ist. Rein technisch unterscheidet sich ein Fax kaum von der Kopie. Beim Fax werden die Daten aber von einem anderen Ort übertragen ("Fernkopie"), während der Kopierer am gleichen Ort die Ablichtung fertigt

Eine Auffassung im Schrifttum bejaht uneingeschränkt Urkundscharakter. Die Urkundeneigenschaft lässt sich mit dem Argument begründen, dass es sich beim Fax um eine **Gedankenerklärung** des Ausstellers handelt, die er gerade mit seinem Willen dem Empfänger übermitteln will. Die **Garantiefunktion** folge aus der mit übertragenen Absenderkennung. Sogar die Übermittlung fremder Urkunden besitze Urkundsqualität. Insoweit ergebe sich aus der Absenderkennung wie aus einem Beglaubigungsvermerk die Garantie für die originalgetreue Übertragung. Anders als die Kopie lässt das Fax also einen Aussteller erkennen, denn die Senderkennung wird automatisch mit übertragen und beim Empfänger ausgedruckt. Daher handele es sich beim Fax um ein lediglich technisch anders erstelltes und dem Empfänger direkt zugeleitetes Original (Schönke-Schröder, § 267 Rdnr 43). Auch im Verfahrensrecht werde ein Fax im Gegensatz zur Kopie als ausreichend angesehen (BVerfG NJW 1987, 2067; BGH NJW 90,990). Dies gelte auch für ein sog. Computerfax, bei dem im Gegensatz zum Telefax beim Absender kein verkörpertes Original notwendig ist (Schönke-Schröder, § 267 Rdnr 43a).

Die Gegenansicht verneint bei bloßen Wiedergaben von fremden Urkunden per Fax die Urkundseigenschaft und stellt sie Fotokopien gleich (Tröndle/Fischer 12b mwN, OLG Zweibrücken, StV 1998, 382).

Eine dritte Ansicht differenziert: Urkundscharakter besitzen Faxe danach, sobald sich aus Form und Inhalt ergibt, dass der Absender dem Empfänger ein verkörpertes und von ihm autorisiertes Beweismittel für seine Erklärung zur Verfügung stellen will, z.B. ein Kaufangebot. Insofern fungiere das Empfangsgerät praktisch wie ein "Ferndrucker". Wenn sich aber aus dem Inhalt ergebe, dass eine Urkunde nur abgebildet werden solle, diene das Empfangsgerät auch nur als "Fernkopierer". Es müssten dann die Regeln über die Urkundseigenschaft von Kopien eingreifen. (Zielinski, Computer und Recht 1995, 286, 291 f).

## e-mail

Da die Urheberschaft von e-mails kaum sicher feststellbar ist, sind auch ausgedruckte e-mails keine Urkunden (vgl. Schönke-Schröder, § 267 Rdnr 43a, differenzierend Buggisch; NJW 2004, 3519).

## Echtheit der Urkunde

**Die Vorschrift des § 267 schützt**
**die Echtheit und Unverfälschtheit der Urkunden**
**und damit die Sicherheit und Zuverlässigkeit des Beweisverkehrs.**

Die Echtheit der Urkunde ist also wesentliches Element des Deliktes.

**Unecht ist eine Urkunde dann, wenn sie nicht von demjenigen stammt, der als Aussteller der Urkunde erkennbar ist.**

Das ist der Fall, wenn im rechtsgeschäftlichen Verkehr auf eine Person als vermeintlichen Aussteller hingewiesen wird, der in Wirklichkeit nicht hinter der in dieser Urkunde verkörperten Erklärung steht. Eine solche Täuschung über die Identität des Ausstellers macht die Urkunde unecht. Auf die inhaltliche Richtigkeit kommt es dabei nicht an.

**Merken Sie:** **§ 267 erfasst nur die Täuschung über die Ausstelleridentität**

Auch ein Verstoß gegen Formvorschriften steht der Urkundeneigenschaft nicht entgegen.

***Bsp.:*** *Der Neffe N will seinen Onkel O beerben. Er erstellt mit der Schreibmaschine ein Testament des O, in dem er sich - den N - zum Alleinerben einsetzt. Das Testament unterschreibt er mit dem Namen des O. - Die Erklärung stammt tatsächlich von N, erweckt aber den Anschein, von O zu stammen. Es handelt sich daher um eine unechte Urkunde.*

Unerheblich ist, ob die Urkunde Wirkung entfaltet, denn die zivilrechtliche Wirksamkeit einer Erklärung ist keine Voraussetzung für die strafrechtliche Urkundeneigenschaft

***Bsp.:*** *Im vorangegangenen Beispiel war das Testament unwirksam ist, da es nicht handschriftlich erstellt worden war (vgl. § 2247 Abs.1 BGB). – Die Unwirksamkeit ist ohne Einfluss auf die Urkundeneigenschaft.*

## Wiederholungsfragen zum Urkundsbegriff des § 267

1. Definieren Sie den Begriff der Urkunde!

   Urkunde ist jede verkörperte Gedankenerklärung, die allgemein oder zumindest für Eingeweihte verständlich ist, ihren Aussteller erkennen lässt und zum Beweis im Rechtsverkehr geeignet und bestimmt ist.

2. Welche drei Funktionen beinhaltet der Urkundenbegriff?

   Die Perpetuierungsfunktion, die Beweisfunktion und die Garantiefunktion.

3. In welchem Begriff der Urkundendefinition verbirgt sich die Perpetuierungsfunktion?

   Die Perpetuierungsfunktion ist im Begriff der verkörperten Gedankenerklärung verborgen.

4. Welche Erfordernisse sind für die Verkörperung der Gedankenerklärung zu verlangen?

   Die Verkörperung muss in Form einer Visualisierung erfolgen; die Erklärung muss also optisch-visuell wahrnehmbar sein. Eine gewisse Dauerhaftigkeit und Festigkeit ist erforderlich.

5. Aus welchen Elementen setzt sich die Beweisfunktion zusammen?

   Die Beweisfunktion setzt sich zusammen aus der Beweiseignung und Beweisbestimmung.

6. Wie definiert man die Beweisbestimmung?

   Die Beweisbestimmung setzt einen durch einen beliebigen Akt nach außen getretenen Willen voraus, die Gedankenerklärung im Rechtsverkehr einzusetzen. Dazu muss der Handelnde wissen, ein anderer werde mit der Urkunde Beweis erbringen. Ein zielgerichtetes Handeln ist dagegen nicht erforderlich.

7. Welche Bedeutung hat die Garantiefunktion?

   Aus dem Inhalt der Urkunde muss deren Aussteller hervorgehen. Es genügt dabei, wenn er unter Zuhilfenahme weiterer Umstände zu ermitteln ist.

8. Was ist eine Gesamturkunde?

   Eine Gesamturkunde ist gegeben, wenn mehrere Einzelurkunden in dauerhafter Form zu einem einheitlichen Ganzen zusammengefügt werden und sie dadurch über einen selbständigen Erklärungsinhalt verfügen, der über den Erklärungsinhalt der Einzelurkunden hinausgeht.

9. Ist eine Fotokopie eine Urkunde?

   Fotokopien sind grundsätzlich keine Urkunden, da sie nur die Wiedergabe einer anderen Erklärung enthalten und keinen Aussteller erkennen lassen.

10. Nennen Sie Ausnahmen!

    Etwas anders gilt dann, wenn der Täter mit Hilfe dieser Techniken eine Kopie herstellt, mit der er den Anschein des Originals erwecken will.

11. Wie ist die Lage bei einem FAX?

    Überwiegend wird die Urkundeneigenschaft bejaht.

12. Wie bei e-mails?

    Es liegen keine Urkunden vor

13. Welches ist das Schutzgut des § 267?

    § 267 schützt die Echtheit und Unverfälschtheit der Urkunden und damit die Sicherheit und Zuverlässigkeit des Beweisverkehrs.

14. Wann ist eine Urkunde unecht?

    Unecht ist eine Urkunde dann, wenn sie nicht von demjenigen stammt, der als Aussteller der Urkunde erkennbar ist. Entscheidend ist also die Täuschung über die Identität des Ausstellers.

## Herstellen einer unechten Urkunde (§ 267 Abs.1, 1. Alt.)

**Definition** **Das Herstellen einer unechten Urkunde ist das Hervorbringen einer Urkunde, die den Anschein erweckt, von einer anderen Person als ihrem wirklichen Aussteller herzurühren.**

***Bsp.:*** *Schuldner S kann einen Kredit an seinen Gläubiger G nicht zurückzahlen. S fertigt eine Quittung über die Rückzahlung des Betrages, die er mit dem Namen des G unterschreibt. - Hier erzeugt der S eine Gedankenerklärung, die dem G als Aussteller zugerechnet wird. Er stellt daher eine unechte Urkunde her.*

Dabei ist es gleichgültig, auf welche Weise die unechte Urkunde hergestellt wird.

***Bsp.:*** *X benötigt für ein Auslandsgeschäft ein amtliches Ausfuhrdokument. Er liest dazu den Stempelabdruck auf einem bei ihm aus einem anderen Geschäft noch vorhandenen amtlichen Ausfuhrdokument mittels Scanners in einen PC ein und bearbeitet diese Datei mit Bildbearbeitungssoftware so, dass sie nur noch das Abbild des Stempels zeigt. Dann fügt er in dieses Abbild mittels Software das (angebliche) Ausfuhrdatum ein, legt das Ausfuhrdokument in den Drucker ein und druckt das manipulierte Abbild des Stempels an der zugehörigen Stelle des Dokuments. - Der Vorgang steht einer "handschriftlichen" Fälschung von Identität des Ausstellers und Gedankenerklärung gleich. (BGH NStZ 1999, 620).*

Auf die inhaltliche Richtigkeit kommt es dabei nicht an. Eine solche **schriftliche Lüge** erfüllt nicht den Tatbestand der Urkundenfälschung,

***Bsp.:*** *N hat bei O einen Kredit aufgenommen. O will großzügig sein und stellt eine Quittung über die Rückzahlung des Betrages aus, die er mit seinem Namen unterschreibt, obwohl N nichts zurückgezahlt hat. - Hier wird eine Urkunde erstellt, die dem O als Aussteller zugerechnet wird. Die Gedankenerklärung stammt auch von O, es liegt also keine Täuschung über den Aussteller vor. Der falsche Inhalt der Erklärung ist unbeachtlich.*

***Weiteres Bsp.:*** *Der Buchhändler B stellt seinem Bekannten für das Finanzamt eine Rechnung über Fachliteratur aus, die dieser nie gekauft hat. - Auch hier liegt lediglich eine schriftliche Lüge vor, denn der Buchhändler B ist tatsächlich Aussteller dieser Rechnung. Beachten Sie jedoch: die Verwendung beim Finanzamt führt zur Steuerhinterziehung nach § 370 AO, das Ausstellen durch B erfüllt § 379 AO ggf. §§ 22 StGB iVm 370 AO.*

Die **Änderung der Ausstellerbezeichnung** genügt für § 267 Abs.1 1.Alt.

***Bsp.:*** *Bei einer Klausur bietet der Student S seinem Kommilitonen K, der meist sehr gute Arbeiten schreibt, an, beide Arbeiten vorne im Hörsaal abzugeben. Nachdem K den Hörsaal verlassen hat, heftet S das Deckblatt mit seinem Namen vor die Klausur des K. - Hier ändert S die Ausstellerbezeichnung bei der Klausur. So wird der Eindruck erweckt, die in der Klausur des K enthaltene Gedankenerklärung stamme von S. Darin liegt die Herstellung einer unechten Urkunde.*

Bei der Täuschung über die Urheberschaft der Gedankenerklärung ist die Täuschung über den Namen nicht allein ausschlaggebend. Bei einer **Täuschung über die Identität des Ausstellers** wird eine unechte Urkunde hergestellt.

***Bsp.:*** *A mietet sich im Hotel unter dem Namen X ein, um sich später ohne Bezahlung aus dem Staube zu machen. - Hier liegt eine Identitätstäuschung vor. A gibt einen falschen Namen an, weil er die Erklärung X zurechnen und an seiner Erklärung der Hotelbuchung nicht festgehalten werden will. Es wird über die wahre Person des Ausstellers getäuscht.*

Etwas anders gilt bei **bloßer Namenstäuschung**, die vorliegt, wenn trotz unrichtiger Bezeichnung klar erkennbar ist, wem die Gedankenerklärung zugerechnet werden soll.

**Bsp.:** *Der Y mietet sich unter falschem Namen mit seiner Sekretärin im Hotel ein, um keine unnötigen Spuren zu hinterlassen. Den Zimmerpreis bezahlt er ordnungsgemäß. - Hier wird die Erklärung demjenigen zugerechnet, der sie auch abgegeben hat, nämlich dem Y als Hotelgast eines bestimmten Zimmers. Es wird nicht über die Person des Ausstellers getäuscht, sondern nur über seinen wahren Namen. Eine solche bloße Namenstäuschung oder Namenslüge erfüllt den Tatbestand des § 267 nicht.*

Eine **Identitätstäuschung** kann auch vorliegen, wenn der **eigene Namen** benutzt wird.

**Bsp.:** *Der Millionärssohn S wird von seinem Vater knapp gehalten. Glücklicherweise trägt S den gleichen Vornamen wie sein Vater und unterzeichnet damit einen Scheck, um seine finanzielle Situation deutlich zu verbessern. - Hier verwendet der S zwar seinen eigenen Namen; Aussteller des Schecks soll aber erkennbar nicht er selbst, sondern sein gleichnamiger Vater sein. Eine Identitätstäuschung liegt daher vor.*

Auf der anderen Seite kann eine Unterschrift mit fremdem Namen in Fällen der Stellvertretung durchaus zulässig sein, also den Tatbestand des § 267 nicht erfüllen. Dazu sind aber folgende Voraussetzungen erforderlich:

- der Unterzeichnende muss eine Vertretung des Namensinhabers wollen,
- dieser muss mit der Vertretung einverstanden sein und
- der Unterzeichner muss zur Vertretung aus Gesetz oder Vollmacht berechtigt sein.

Dagegen stellt das abredewidrige Ausfüllen einer nicht vollständig ausgefüllten, aber unterzeichneten Erklärung eine Urkundenfälschung dar (Blankettfälschung).

**Bsp.:** *A lässt sein Auto bei T reparieren. Als er es abholen will, ist es noch nicht ganz fertig. T erklärt ihm, er werde den reparierten Wagen am Abend auf den offenen Hof stellen, so dass der A ihn dort abholen könne, die Reparatur werde zwischen 200 und 300 EUR kosten. A gibt T daraufhin einen unterschriebenen Scheck, den T entsprechend ausfüllen soll. T nutzt aber die Gelegenheit und trägt in den Scheck 1.000 EUR ein. - Hier hat A dem T ein sog. Blankett übergeben, den unterschriebenen, aber nicht vollständig ausgefüllten Scheck. T hatte die Befugnis, innerhalb eines Rahmens (200 bis 300 EUR) den korrekten Rechnungsbetrag einzusetzen. Hätte er dies getan, wäre eine echte Urkunde entstanden, da diese Erklärung A als Aussteller zugerechnet worden wäre. Da T das Blankett jedoch abredewidrig ausfüllt, wird die darin liegende Gedankenerklärung nicht dem A als Aussteller zugerechnet. Die Urkunde erweckt daher den unzutreffenden Eindruck, dieser Inhalt sei dem A zuzurechnen. T hat eine unechte Urkunde hergestellt.*

Die Herstellung der Urkunde setzt voraus, dass eine **vollständige Gedankenerklärung** vorliegt. Solange keine vollständige Gedankenerklärung gegeben ist, ist die Urkundenfälschung noch nicht vollendet.

**Bsp.:** *Der X bricht in das Straßenverkehrsamt ein, um Blankoformulare für Fahrzeugpapiere zu stehlen. Bevor er den Tatort verlässt, setzt er den Behördenstempel auf die Urkunde. Dann schleicht er sich davon. - Eine Gedankenerklärung wäre vollständig, wenn ein bestimmtes Fahrzeug in dem Papier aufgeführt worden wäre. Erst dann würde der Rechtsverkehr den Schluss ziehen, dass dieses Fahrzeug ordnungsgemäß zugelassen worden wäre. Hier wäre allenfalls an einen Versuch zu denken, der aber erst dann vorläge, hätte X unmittelbar dazu angesetzt, die fehlenden Angaben in die Papiere einzutragen.*

## Verfälschen einer echten Urkunde (§ 267 Abs.1, 2. Alt.)

**Definition** | **Verfälschen ist jede Veränderung des gedanklichen Inhalts einer echten Urkunde**

**Bsp.:** *Schuldner S hat einen Kredit über 10.000 EUR bei dem Gläubiger G aufgenommen. Er hat erst 1.000 EUR zurückgezahlt und hierfür eine Quittung erhalten. Als er von G auf Zahlung des Restbetrages verklagt wird, ändert er in der Quittung die Zahl 1.000 EUR in 10.000 EUR ab. – S verändert hier den Inhalt der ursprünglichen Gedankenerklärung, indem er den quittierten Betrag frisiert. Hierin liegt ein Verfälschen einer echten Urkunde.*

Eine **zusammengesetzte Urkunde** wird **verfälscht**, wenn der Zusammenhang der beiden Teile verändert wird.

**Bsp.:** *Im Supermarkt sieht A ein Radio, auf dem das Preisschild 189,90 EUR klebt. In einem anderen Regal sieht er ein Gerät mit dem Preisschild 35,90 EUR, das er vorsichtig ablöst und auf das teurere Radio klebt, nachdem er dort den richtigen Aufkleber entfernt hat. - Das Preisetikett wird durch die feste Verbindung mit der jeweiligen Ware zu der Gedankenerklärung verkörpert, der Supermarkt biete dieses Radio zum darauf bezeichneten Preis von 189,90 EUR zum Kauf an. Indem A das andere Etikett aufklebt, ändert er die verkörperte Gedankenerklärung. Es liegt eine Verfälschung einer echten Urkunde vor.*

Auch die **Veränderung des Gedankeninhaltes durch den Aussteller** selbst kann Verfälschen sein, wenn dieser die **Abänderungsbefugnis** verloren hat.

**Bsp.:** *Schüler S sieht seine Versetzung gefährdet. Als er bei der nächsten Klassenarbeit nach der Abgabe feststellt, dass er wieder einige Aufgaben falsch gemacht hat, schleicht er sich in der nächsten Stunde ins Lehrerzimmer. Dort findet er sein Klassenarbeitsheft und nimmt einige Korrekturen vor. - Hier ist S Aussteller der Klassenarbeit, die als Gedankenerklärung eine Urkunde ist. Während der Anfertigung der Arbeit darf er Veränderungen vornehmen, nicht aber nach der Abgabe. In diesem Zeitpunkt verliert er die Änderungsbefugnis und verfälscht die echte Urkunde.*

Dagegen stellt die Änderung der Ausstellerbezeichnung kein Verfälschen einer echten Urkunde, sondern Herstellen einer unechten Urkunde dar.

**Bsp.:** *Student S, der das Deckblatt mit seinem Namen vor die Klausur des K heftet (s.o.).*

Voraussetzung des Verfälschens ist, dass **eine echte Urkunde geändert** wird. Problematisch sind Fälle, in denen eine echte Urkunde mehrfach verändert wird.

Soweit sich die zweite oder spätere Änderung auf den zuvor verfälschten Teil der Urkunde bezieht, liegt keine echte Urkunde mehr vor, die verfälscht werden könnte.

**Bsp.:** *S hat einen Kredit über 10.000 EUR bei G aufgenommen. Er hat erst 1.000 EUR zurückgezahlt und hierfür eine Quittung erhalten. Als er von G auf Zahlung eines Teilbetrages von 5.000 EUR verklagt wird, ändert er in der Quittung die Zahl 1.000 EUR in 5.000 EUR um. Später erhöht der G die Klage auf den vollen Restbetrag. S ändert daraufhin die Quittung erneut auf 10.000 EUR. - Die erste Änderung der Quittung bezog sich auf eine echte Urkunde und stellt eine Verfälschung dar. Die zweite Änderung des Betrages erfasst den verfälschten Teil der Urkunde und erfüllt nicht den Tatbestand des § 267 2. Alt.*

Wenn sich die Änderung dagegen auf einen bislang unverfälschten Teil der Urkunde bezieht, liegt insoweit eine Verfälschung vor.

**Bsp.:** *S hat einen Kredit über 10.000 EUR bei G aufgenommen. Darüber besteht eine Krediturkunde, in der auch ein Zinssatz von 12 % festgeschrieben wurde. S ändert zuerst den Kreditbetrag in dieser Urkunde auf 1.000 EUR und später den Zinssatz auf 3,5 %. - Die erste Änderung der Urkunde (Betrag) bezog sich auf eine echte Urkunde und stellt eine Verfälschung dar. Die zweite Änderung des Zinssatzes bezieht sich auf einen Teil der Gedankenerklärung, der durch die erste Änderung nicht verfälscht worden ist und erfüllt daher auch das Tatbestandsmerkmal Verfälschen.*

## Gebrauchen einer unechten oder verfälschten Urkunde (§ 267 Abs.1, 3. Alt.)

**Gebrauchen bedeutet, dass die Urkunde dem zu Täuschenden in einer Weise zugänglich gemacht werden muss, dass er die Möglichkeit zur Kenntnisnahme hat.**

**Definition**

**Bsp.:** *A hat von B einen gefälschten Fahrzeugschein erworben. Bei einer Kontrolle legt er den Schein dem Polizisten P vor, der diesen aber nicht liest. - Zwar hat P den Schein nicht zur Kenntnis genommen, jedoch genügt das Verschaffen der Möglichkeit dazu.*

Andererseits reicht das bloße Mitführen einer falschen Urkunde nicht aus, da die Urkunde damit noch keiner konkret zu täuschenden Person zugänglich gemacht worden ist und es an der realen Möglichkeit der Kenntnisnahme fehlt.

**Bsp.:** *Der A hat von B einen gefälschten Fahrzeugschein erworben, den er immer bei sich trägt. Er ist aber noch in keine Kontrolle gekommen.*

Fertigt jemand von einer unechten oder verfälschten Urkunde eine **Kopie** an und gebraucht diese anstelle des Originals, so liegt darin ein Gebrauchen der Urkunde selbst.

**Bsp.:** *Der Referendar R hat nur ein sehr mäßiges Examen gemacht. Er ändert das Originalzeugnis ab und verbessert seine Note. Das Zeugnis verwahrt er weiter in seinen Unterlagen. Davon fertigt er eine Kopie, mit der er sich beim Anwalt A um eine Anstellung bewirbt. - Der R hat hier durch die Veränderung seines Zeugnisses eine unechte Urkunde hergestellt. Diese verfälschte Urkunde selbst gebraucht er nicht, denn das Original bleibt bei seinen Unterlagen. Er macht davon jedoch indirekt Gebrauch, indem er die Kopie dieser unechten Urkunde dem Anwalt A zugänglich macht.*

**Hinweis:** Hat der Täter bereits die von ihm gebrauchte Urkunde hergestellt oder verfälscht, dann liegt ein einheitliches Delikt des § 267 vor. Er begeht also nur eine Tat.

## Subjektiver Tatbestand des § 267

### Vorsatz

Der subjektive Tatbestand des § 267 setzt zunächst Vorsatz voraus. Dieser muss alle Merkmale des objektiven Tatbestandes umfassen.

Der Täter muss also alle wesentlichen Umstände kennen, aus denen sich die Urkundeneigenschaft ergibt.

### Täuschungsabsicht

Zusätzlich zum Vorsatz muss der Täter **zur Täuschung im Rechtsverkehr** handeln.

**Definition** **Zur Täuschung im Rechtsverkehr handelt, wer einen anderen über die Echtheit oder Unverfälschtheit einer Urkunde täuschen will, um ihn zu einem rechtserheblichen Verhalten zu veranlassen.**

***Bsp.:*** *Der Schüler S hat ein mäßiges Abitur gemacht. Um einen Studienplatz zu bekommen, ändert er die Noten ab. - Der S handelt hier, um einen anderen - die Universität oder die Zulassungsstelle - über die Unverfälschtheit seines Abiturzeugnisses zu täuschen, damit diese zu einem rechtserheblichen Verhalten veranlasst wird und dem S den gewünschten Studienplatz zuteilt. S handelt mit direktem Vorsatz 1. Grades.*

Das Tatbestandsmerkmal soll aber auch dann erfüllt sein, wenn kein direkter Vorsatz 1. Grades (Absicht), sondern nur direkter Vorsatz, 2. Grades gegeben ist.

Dagegen entfällt dieses Tatbestandsmerkmal dann, wenn sich die Täuschung vollständig auf einer rechtlich irrelevanten Ebene abspielt.

***Bsp.:*** *Der Lehrling L möchte seiner Freundin F imponieren. Er erstellt deshalb ein Abiturzeugnis, das er der F zeigt. - Der L handelt hier nicht, um die F zu einem rechtserheblichen Verhalten zu bewegen, also nicht zur Täuschung im Rechtsverkehr.*

Allerdings handelt ein Täter auch dann zur Täuschung im Rechtsverkehr, wenn er in erster Linie einen außerrechtlichen Erfolg erstrebt, die Beeinträchtigung des Rechtsverkehrs aber als sichere Folge seines Tuns voraussieht.

***Bsp.:*** *A mietete einen Mercedes 500 SL, entfernte die amtlichen Kennzeichen und ersetzte sie durch das Kennzeichen seines eigenen PKW. A wollte auf diese Weise erreichen, dass ihm ein Freund die Behauptung glaube, er sei Eigentümer des Fahrzeugs. Mit den falschen Kennzeichen fuhr er auf öffentlichen Straßen und geriet in eine Polizeikontrolle. - Im Interesse der Effektivität des Rechtsgüterschutzes - also bei § 267 StGB der Sicherheit und Zuverlässigkeit des Rechtsverkehrs - ist es geboten, Täuschungshandlungen, auch wenn sie primär auf einen außerrechtlichen Effekt zielen, in den Anwendungsbereich der Bestimmung aufzunehmen, wenn sie als sicherer (Neben-) Effekt zu einer Störung des Beweisverkehrs im Rechtsleben führen. Für die Belange des Straßenverkehrs ist es von* *elementarer Wichtigkeit, dass Fahrzeuge aufgrund ihres Kennzeichens zuverlässig identifiziert werden können. Wer daher Kennzeichen vertauscht, gefährdet diese Belange unabhängig davon, ob der Kennzeichentausch in erster Linie zum Scherz, aus Imponiergehabe oder tatsächlich mit dem Ziel erfolgt, sich einer Identifizierung zu entziehen. Es ist deshalb unerheblich, ob A tatsächlich nur oder vor allem deshalb die falschen Kennzeichen angebracht hat, um seinen Freund zu beeindrucken, da ihm die sichere Folge einer Täuschung der übrigen Verkehrsteilnehmer und der kontrollierenden Polizei bekannt war. (Bay ObLG JZ 1998, 635)*

Dabei ist nicht erforderlich, dass gerade jemand, der an dem Rechtsverhältnis zu dessen Zweck die Urkunde ursprünglich hergestellt wurde, getäuscht werden soll.

***Bsp**: Der 15 Jahre alte X fälscht sein Geburtsdatum in seinem Ausweis für den Verkehrsverbund, um unter Vorlage dieses Papiers den Zutritt zu Diskotheken ohne Begleitung Erziehungsberechtigter ab 16 Jahren zu erreichen. (BayObLG JR 2003, 38 mit Anm.Stein).*

## Strafzumessungsregel des § 267 Abs.3

Das Gesetz sieht in § 267 Abs.3 S.2 die folgenden besonders schweren Fälle vor

| | |
|---|---|
| § 267 Abs.3 S.2 Nr.1 | gewerbsmäßiges Handeln oder<br>Handeln als Mitglied einer Bande |
| § 267 Abs.3 S.2 Nr.2 | Herbeiführung eines großen Vermögensverlustes |
| § 267 Abs.3 S.2 Nr.3 | erhebliche Gefährdung des Rechtsverkehrs durch eine große Zahl von Urkunden |
| § 267 Abs.3 S.2 Nr.4 | Missbrauch durch einen Amtsträger |

**Zu beachten ist**, dass trotz Verwirklichung eines dieser Beispiele ein besonders schwerer Fall **verneint** werden kann. Umgekehrt folgt aus der Natur der Regelbeispiele, dass auch bei anderen Fallgestaltungen aus einer Gesamtwürdigung der Tat auf einen besonders schweren Fall geschlossen werden kann.

Der **Vorsatz des Täters** muss die Merkmale des Regelbeispiels umfassen.

## Qualifizierung § 267 Abs.4

Bei § 267 Abs.4 handelt es sich um eine **echte Qualifizierung**. Während § 267 Abs.3 S.1 entweder die Mitgliedschaft in einer Bande oder das gewerbsmäßige Handeln ausreichen lässt, ist Grund der Strafverschärfung des § 267 Abs.4 die **kumulative Verbindung beider Merkmale**. Die Strafschärfung verwirklicht also, wer die **Urkundenfälschung als Mitglied einer Bande, die sich zur fortgesetzten Begehung der Straftaten nach §§ 263-264 oder §§ 267-269 verbunden hat, gewerbsmäßig begeht**.

## Wiederholungsfragen zu § 267

| | |
|---|---|
| 1. Definieren Sie das Herstellen einer unechten Urkunde! | Das Herstellen einer unechten Urkunde ist das Hervorbringen einer Urkunde, die den Anschein erweckt, von einer anderen Person als ihrem wirklichen Aussteller herzurühren. |
| 2. Kann auch die Verwendung des eigenen Namens Urkundenfälschung sein? | Eine Identitätstäuschung kann auch vorliegen, wenn der eigene Name benutzt wird, aber aus den Umständen hervorgeht, dass nicht der Namensinhaber als Aussteller erscheinen soll. |
| 3. Definieren Sie das Verfälschen! | Verfälschen ist jede Veränderung des gedanklichen Inhaltes einer echten Urkunde. |
| 4. Kann nur eine echte Urkunde verfälscht werden? | Ja, Voraussetzung des Verfälschens ist, dass eine echte Urkunde vorliegt. |
| 5. Gibt's es Ausnahmefälle? | Wird eine echte Urkunde mehrfach verändert, so bezieht sich nur die erste Veränderung auf eine echte Urkunde, erfüllt also den Tatbestand des Verfälschens. Eine weitere Veränderung kann dann auch ein Verfälschen sein, wenn ein bisher echter, unveränderter Teil der Urkunde verändert wird. |
| 6. Was versteht man unter einer Blankettfälschung? | Das abredewidrige Ausfüllen einer nicht vollständig ausgefüllten, aber unterzeichneten Erklärung stellt eine Urkundenfälschung dar. |
| 7. Was bedeutet das Gebrauchmachen einer Urkunde? | Gebrauchen bedeutet, dass die Urkunde dem zu Täuschenden in einer Weise zugänglich gemacht werden muss, dass er die Möglichkeit zur Kenntnisnahme hat. |
| 8. Welche subjektiven Voraussetzungen erfordert die Urkundenfälschung? | Der Täter muss mit Vorsatz hinsichtlich aller Merkmale des objektiven Tatbestandes handeln und zusätzlich zur Täuschung im Rechtsverkehr. |
| 9. Wann handelt der Täter zur Täuschung im Rechtsverkehr? | Zur Täuschung im Rechtsverkehr handelt, wer einen anderen über die Echtheit oder Unverfälschtheit einer Urkunde täuschen will, um ihn zu einem rechtserheblichen Verhalten zu veranlassen. |
| 10. Ist dazu Absicht erforderlich? | Nein, es reicht direkter Vorsatz 2. Grades. |
| 11. Wann liegt ein einheitliches Delikt der Urkundenfälschung vor? | Hat der Täter des Gebrauchens bereits die gebrauchte Urkunde hergestellt oder verfälscht, dann liegt ein einheitliches Delikt des § 267 vor. Er begeht also nur eine Tat. |

**Fall 5 (Das schöne Schnäppchen im Supermarkt)**

*Der K sieht im Supermarkt eine Kaffeemaschine für 150,00 €, die ihm aber zu teuer ist. Etwas weiter sieht er ein Sonderangebot Lampenschirme zu 19,98 €. Die Schirme sind zwar besonders hässlich, aber in einem großen verschlossenen Karton verpackt, auf denen deutlich lesbar das Preisschild angebracht ist.*

*K nimmt einen dieser Kartons und geht zu den Kaffeemaschinen. Dort öffnet er den Karton mit dem Lampenschirm, nimmt den Schirm heraus und packt die Kaffeemaschine hinein. Dann verschließt er den Karton wieder mit einem Klebestreifen und nimmt den Karton mit zur Kasse. Strafbarkeit des K aus § 267?*

## Lösungsvorschlag

Der K könnte sich gem. § 267 2.Alt. strafbar gemacht haben, als er den Schirm aus dem Karton nimmt und die Kaffeemaschine darin verpackt.

Als Tatobjekt ist zunächst eine Urkunde erforderlich. In Betracht kommt hier nur, dass der Karton in Verbindung mit dem Inhalt eine zusammengesetzte Urkunde darstellt.

Zusammengesetzte Urkunden sind Gedankenerklärungen, die sich auf einen Gegenstand beziehen und mit ihm räumlich fest zu einer Beweiseinheit verbunden sind.

Hier ist der Lampenschirm in einen Pappkarton verpackt, auf dem deutlich lesbar der Preis vermerkt ist. Durch den verschlossenen Karton bilden Verpackung, Inhalt und Preisschild auch eine ausreichend feste Verbindung. Als Aussteller des Preisschildes ist nach der Verkehrsauffassung auch das Personal des Supermarkts erkennbar. Es liegt also eine zusammengesetzte Urkunde vor.

Diese Urkunde müsste K verfälscht haben. Verfälschen ist das Verändern des gedanklichen Inhalts einer echten Urkunde. Ein Verfälschen einer zusammengesetzten Urkunde kann durch Verändern des Zusammenhangs der Urkundenteile geschehen. Das wäre hier möglich durch Ändern des Preisschildes oder durch Auswechseln des Bezugsobjektes, hier also des Inhaltes der Verpackung. Die so entstandene zusammengesetzte Urkunde stammt nicht mehr vom ursprünglichen Aussteller. Eine Verfälschung ist also zu bejahen.

Der K handelte auch mit Vorsatz und zur Täuschung im Rechtsverkehr. Der Tatbestand ist damit erfüllt.

Damit sind auch Rechtswidrigkeit und Schuld gegeben, so dass der K aus § 267 2. Alt. strafbar ist.

Der K könnte sich durch die Vorlage des Kartons mit der Kaffeemaschine an der Kasse gem. § 267, 3.Alt. strafbar gemacht haben.
Die erforderliche unechte Urkunde liegt mit der verfälschten zusammengesetzten Urkunde vor, s.o. Indem der K diese Urkunde dem Kassierer zugänglich macht, gebraucht er die Urkunde. Damit ist der Tatbestand der 3. Alt. erfüllt.

Subjektiver Tatbestand, Rechtswidrigkeit und Schuld sind gegeben. Also hat K sich auch gem. § 267, 3.Alt. strafbar gemacht.

§ 267, 2.Alt und § 267, 3. Alt stellen eine einheitliche Tat des § 267 dar.

§§§§§§§§§§§§§§§§§§§§§§§§§§§§§§§§§§§§

**Fall 6 (Der gefundene Scheck)**

*Der Alfred Schmitz (A) findet eine Brieftasche. Sie enthält ein Scheckformular sowie einen auf "Werner Schmitz" (W) lautenden Personalausweis. Den Scheck stellt der A auf 500 € aus, unterschreibt ihm mit seinem eigenen Namen "Schmitz" und reicht ihn bei der Bank ein.*

*Strafbarkeit des A aus § 267?*

## Lösungsvorschlag

Der A könnte gem. § 267 Abs. 1 Alt. 1 wegen Herstellens einer unechten Urkunde strafbar sein.

Als Tatobjekt des § 267 kommt hier der Scheck in Betracht. Dann müsste es sich bei diesem um eine Urkunde handeln.

Das setzt voraus, dass dieser eine verkörperte Gedankenerklärung enthält, die allgemein verständlich ist, den Aussteller erkennen lässt und zum Beweis im Rechtsverkehr geeignet und bestimmt ist.

Der ausgefüllte und unterschriebene Scheck enthält die Aussage, dass der Unterzeichner den darauf vermerkten Betrag an den Empfänger des Schecks bei Einlösung durch seine Bank auszahlen lassen will. Damit liegt eine verkörperte, allgemein verständliche Gedankenerklärung, die einen Aussteller erkennen lässt, vor. Da bei einem Scheck auch Beweiseignung und Beweisbestimmung gegeben sind, liegt eine Urkunde vor.

Fraglich ist, ob der Scheck unecht ist.

Unecht ist eine Urkunde, wenn sie den unrichtigen Anschein erweckt, von einem anderen Aussteller zu stammen. Erforderlich ist also eine Identitätstäuschung über den Aussteller.

Problematisch ist hier, dass der A mit seinem eigenen Namen " Schmitz" unterschreibt, der mit dem Namen des Berechtigten identisch ist. Eine Identitätstäuschung liegt aber auch bei der Verwendung des eigenen Namens vor, wenn nach dem Gesamtinhalt der Urkunde eine andere Person mit gleichem Namen für den Aussteller gehalten werden soll. Hier setzt der A seinen Namen auf einen Scheck des C, der auch die Kontonummer des Kontos des C trägt. Der Aussteller wird hier also nicht nur aus dem Namen abgeleitet, sondern aus dem Namen in Verbindung mit der Kontonummer als zusätzlichem Identifikationsmerkmal. Es liegt demnach eine Identitätstäuschung vor. Mithin ist die Urkunde unecht, der objektive Tatbestand erfüllt.

Da auch der subjektive Tatbestand sowie Rechtswidrigkeit und Schuld gegeben sind, ist der A gem. § 267 Abs.1, 2.Alt. strafbar.

Bei der Vorlage des Schecks wird auch § 267 3. Alt. verwirklicht.
*Ist in der Klausur auszuführen!*

§ 267, 2.Alt und § 267, 3.Alt stellen eine einheitliche Tat des § 267 dar.

§§§§§§§§§§§§§§§§§§§§§§§§§§§§§§§§

**Fall 7 (Ein günstiges Paket)**

*Der X will auf günstige Weise an das Geld anderer Leute kommen. Er packt ein Paket, auf dem er deutlich die Absenderangabe "Juwelen-Walter" sowie den Aufkleber "Wertsendung Wert 3.000 €" anbringt. Als Adresse steht darauf in kleiner Schrift "Gerd Müller, Hauptstraße 33". In dem Paket sind allerdings nur wertlose Papierschnipsel.*

*Mit diesem Paket begibt er sich in die Nähe der Hauptstraße und spricht einen Passanten an. Er bittet ihn, die Adresse vorzulesen, da er seine Brille vergessen habe. Der erste Passant liest die Adresse vor und geht weiter. Das wiederholt der X mehrfach.*

*Kurze Zeit später kommt der B des Weges, den der X auf die gleiche Weise anspricht. Der B liest die Adresse. Als er die Absenderangabe und den Wertvermerk sieht, kommt ihm die Idee, sich für den Gerd Müller auszugeben und das Paket für sich abzuzweigen. Er sagt dem X wahrheitswidrig, er sei der gesuchte Empfänger, der schon auf das Paket warte.*

*Darauf hat der X nur gewartet. Der X geht darauf ein, verlangt aber von B noch 200 € Restzahlung. Der B zahlt, weil er glaubt, so einen guten Fang zu machen. Nachdem er das Paket später öffnet, findet er enttäuscht die wertlosen Papierschnipsel. Strafbarkeit des X?*

## Lösungsvorschlag

Der X könnte sich nach § 267, 1.Alt wegen Herstellens einer unechten Urkunde strafbar gemacht haben.

Dann müsste das mit den Aufklebern versehene Paket eine Urkunde darstellen.

Erste Voraussetzung ist das Vorliegen einer verkörperten Gedankenerklärung.

Die Aufschriften alleine reichen für sich genommen als Gedankenerklärung ebensowenig aus, wie das Paket allein eine Gedankenerklärung enthält.

Es könnte sich aber eine Gedankenerklärung aus der Verbindung der Aufschriften in Verbindung mit dem Paket ergeben. Beide Gegenstände zusammen verkörpern die Gedankenerklärung, eine Firma " Juwelen-Walter" habe als Absender eine Versendung im bezeichneten Wert von 3.000 € an eine Person namens Gerd Müller veranlasst. Damit liegt eine Gedankenerklärung vor.

Da die Aufkleber fest mit der Pakethülle verklebt waren und sich nur mit Schwierigkeiten ablösen ließen, ist auch das Erfordernis der festen Verbindung zu bejahen. Daher ist eine Gedankenerklärung gegeben.

Die verkörperte Gedankenerklärung müsste zum Beweis geeignet und bestimmt sein.

Die Absenderangabe dient ebenso wie die Empfängerangabe "Gerd Müller" dazu, den Umfang des mit dem jeweiligen Transportdienst geschlossenen Beförderungsvertrags zu definieren, hat also Beweisbedeutung im Verhältnis zwischen Absender und Transportperson. Gleiches gilt aber auch im Verhältnis zum Empfänger. Die Absenderangabe "Juwelen-Walter" setzt den Empfänger darüber in Kenntnis, wer ihm etwas geschickt hat, wer also ggf. sein Vertragspartner dieser Lieferung ist. Die Absenderangabe ist daher zum Beweis geeignet und bestimmt.

Weiter ist die Erkennbarkeit des Ausstellers erforderlich.

Als Absender aus der Paketsendung geht die Firma "Juwelen-Walter" hervor. Da der vermeintliche Aussteller nicht wirklich existieren muss, ist es unerheblich, ob es eine solche Firma " Juwelen-Walter" überhaupt gibt. Folglich ist die Erkennbarkeit des Ausstellers zu bejahen.

Damit liegt eine Urkunde vor, der objektive Tatbestand ist gegeben.

Problematisch ist der subjektive Tatbestand.

Zwar bestehen am Vorsatz des X keine Bedenken; fraglich ist aber, ob er zur Täuschung im Rechtsverkehr gehandelt hat.

Richtig ist, dass er einen anderen über die Echtheit oder Unverfälschtheit einer Urkunde täuschen will, um ihn zu einem rechtserheblichen Verhalten zu veranlassen.

Allerdings legt es der X darauf an, eine andere Person hereinzulegen, die ihrerseits unredliche Absichten hat. Denn auf seinen Trick kann nur derjenige hereinfallen, der seinerseits rechtswidrige Pläne verfolgt und sich in den Besitz des ihm nicht zustehenden Paketes bringen will.

Die Täuschung durch X soll also hier nicht im Rechtsverkehr erfolgen, sondern nur das seinerseits rechtswidrig handelnde Opfer treffen und demnach im "Unrechtsverkehr" geschehen.

Mit dieser Begründung lässt sich überzeugend das Merkmal "Absicht der Täuschung im Rechtsverkehr" verneinen (*es ist aber auch die Gegenansicht vertretbar*).

Damit hat sich X nicht gem. § 267 strafbar gemacht.

> Sofern man dagegen die Täuschungsabsicht bejaht, ist der subjektive Tatbestand erfüllt. Rechtswidrigkeit und Schuld sind gegeben. Folglich wäre X aus § 267 Abs.1, 1.Alt. strafbar. Ferner wäre dann bei der Vorlage des Pakets auch § 267, 3. Alt. verwirklicht.

§§§§§§§§§§§§§§§§§§§§§§§§§§§§

# Fälschung technischer Aufzeichnungen § 268

## Prüfungsschema zu § 268

**A. Tatbestand**
- **I. objektiver Tatbestand**
  - **1. Tatobjekt : technische Aufzeichnung**
  - **2.Tathandlungen**
    - **a. Herstellen einer unechten technischen Aufzeichnung**
    - **b. Verfälschen einer echten technischen Aufzeichnung**
    - **c. Gebrauchen einer unechten technischen Aufzeichnung**
- **II. subjektiver Tatbestand**
  - **1. Vorsatz**
  - **2. zur Täuschung im Rechtsverkehr**

**B. Rechtswidrigkeit**

**C. Schuld**

Die Norm des § 268 schließt eine Gesetzeslücke für Augenscheinsobjekte. Wenn diese auf technischem Wege erzeugt werden, liegt keine Urkunde vor und daher unterliegen diese nicht dem Schutz des § 267.

Die Vorschrift schützt dabei nicht die Richtigkeit des Aufzeichnungsergebnisses, sondern die Ungestörtheit und damit die "Echtheit" des Aufzeichnungsvorganges.

## Technische Aufzeichnung

An die Stelle der Gedankenerklärung des § 267 tritt bei § 268 die **Darstellung von Daten, Mess- oder Rechenwerten, Zuständen oder Geschehensabläufen.**

Der Unterschied zur Urkunde liegt also in zwei Aspekten

1. **es fehlt an der Perpetuierungsfunktion**, da hier keine Gedankenerklärung verkörpert wird
2. **es fehlt an der Garantiefunktion**, da kein Aussteller erkennbar ist.

Die **Tatobjekte des § 268** sind also besondere, auf technischem Wege erzeugte Augenscheinsobjekte. Dabei ist hier anders als bei § 267 keine optisch-visuelle Verkörperung erforderlich.

**Das Gesetz unterscheidet folgende technische Aufzeichnungen:**

**Daten** — **sind speicherbare Informationen aller Art, die einer weiteren Verarbeitung in einer Datenverarbeitungsanlage unterliegen.**

**Bsp.:** Die von einem Computerprogramm auf die Festplatte geschriebenen Daten einer kaufmännischen Buchhaltung.

**Messwerte** — **sind Messergebnisse**

**Bsp.:** Die Waage im Supermarkt an der Obst- und Gemüsetheke, die auf Papierstreifen das Gewicht ausgibt.

**Rechenwerte** — **sind Produkte von Rechenoperationen**

**Bsp.:** Die Waage im Supermarkt errechnet aus dem Gewicht des Obstes und dem eingetragenen Kilopreis den Preis.

**Zustände** — **sind reale Gegebenheiten jeglicher Art**

**Bsp.:** Die Röntgenaufnahme gibt den Zustand eines Körperteiles wieder.

**Geschehensabläufe** — **sind Vorgänge während eines bestimmten Zeitraums**

**Bsp.:** Ein EKG (Elektrokardiogramm) zeichnet die Herztätigkeit eines Patienten über einen bestimmten Zeitraum auf; der Fahrtenschreiber eines LKW zeichnet die Fahrtgeschwindigkeit auf.

Erforderlich ist keine optisch-visuelle Verkörperung, sondern nur eine ***"Darstellung"***. Unproblematisch ist dies, wenn das Ergebnis der vom Gerät auf technischem Wege erzeugten Information in einem selbständig verkörperten und vom Gerät abtrennbaren Teil enthalten ist.

> ***Bsp.:*** *Der LKW-Fahrer A manipuliert das Fahrtenschreibergerät so, dass eine geringere Geschwindigkeit aufgezeichnet wird. - Die Information wird auf technischem Wege erzeugt, aber auf einem gesonderten Medium festgehalten, nämlich auf der herausnehmbaren Fahrtenschreiberscheibe.*

Andererseits scheiden Informationen aus, die nur vorübergehend angezeigt werden.

> ***Bsp.:*** *Im Physikunterricht verwendet der Lehrer L ein Gerät, das mit einem großen Zeiger die aktuelle Stromstärke anzeigt. Ändert sich die Stromstärke, wechselt auch der Zeigerausschlag. Der Schüler S verstellt das Gerät so, dass falsche Werte angezeigt werden. - Hier liegt keine technische Aufzeichnung vor, da es am Element der "Aufzeichnung" fehlt. Dieses setzt voraus, dass die Informationen von einer gewissen Dauerhaftigkeit sind. Beim Messgerät schlägt der Zeiger nur aus, wenn und solange Strom fließt. Die Information ist flüchtig und wird in keiner Weise festgehalten.*

Wenn dagegen das Messergebnis dauerhaft dokumentiert wird, liegt eine technische Aufzeichnung vor.

> ***Bsp.:*** *Das vom Lehrer verwendete Gerät ist so konstruiert, dass der Zeigerausschlag mit Hilfe eines Stiftes auf einem Papierstreifen mitgeschrieben wird. - Hier liegt eine Verkörperung der Zeigerausschläge und mithin eine technische Aufzeichnung vor.*

Umstritten sind Fälle, in denen sich fortlaufend der Zählerstand in Form einer ständigen Addition verändert.

**Bsp.:** *A hat den Tacho so manipuliert, dass nur jeder 3.Km im Kilometerzähler gezählt wird.*

Nach der hL liegt eine technische Aufzeichnung vor, da zwar der aktuelle Wert flüchtig sei, das Gerät jedoch eine Addition zu den bereits gezählten Werten vornehme und darin eine ausreichende Verkörperung liege. Der BGH verlangt dagegen, dass die geräteautonom erzeugte Information in einem selbständig verkörperten, vom Gerät abtrennbaren Stück enthalten sein muss. Danach ist eine technische Aufzeichnung zu verneinen.

**Die Darstellung muss ganz oder teilweise durch ein technisches Gerät bewirkt worden,** also wenigstens zum Teil ein **automatisierter Aufzeichnungsvorgang** sein.

Streitig ist dabei, ob es ausreicht, wenn das Gerät lediglich den von einem Menschen unmittelbar ausgelösten Vorgang festhält und dabei die Art der Aufzeichnung mitgestaltet oder ob der automatische Vorgang einen Aufzeichnungsinhalt mit neuem Informationsgehalt hervorbringen muss. Eine Mindermeinung bejaht eine technische Aufzeichnung auch ohne die Entstehung eines neuen Informationsgehaltes. Die h.M. verlangt dagegen nicht eine bloße Dokumentation eines von Menschen ausgelösten Vorgangs, sondern einen darüber hinausgehenden neuen Informationsgehalt

**Bsp.:** *A spricht einen Text auf Band, den B verändert. - Die Bandaufzeichnung ist lediglich eine technische Fixierung des von A gesprochenen Textes. Lässt man es ausreichen, dass das Tonbandgerät die technische Art der Aufzeichnung bestimmt, dann ist eine technische Aufzeichnung zu bejahen. Die h.M. sieht aber § 268 als Norm zum Schutz der Informationsgewinnung an und verlangt Informationen, die durch das Gerät neu erzeugt werden. Dies ist hier nicht der Fall, es liegt keine technische Aufzeichnung vor.*

**Bsp.:** *Die Radarfalle macht ein Bild von dem Autofahrer X, in das die Uhrzeit der Aufnahme und die Geschwindigkeit eingeblendet sind. - Der Informationsgehalt des Bildes betrifft nicht nur das Foto des X, sondern auch die zusätzlich eingeblendeten Daten, die durch das Gerät erzeugt und festgehalten werden. Es liegt eine technische Aufzeichnung vor.*

Der Gegenstand der Aufzeichnung muss erkennbar sein. Das Objekt, auf das sich die technische Aufzeichnung bezieht, muss also individualisierbar sein.

**Bsp.:** *Die vom A im Krankenhaus gefertigte Röntgenaufnahme trägt eine Kennziffer. - Hier lässt sich aus der Kennziffer erschließen, von welchem Patienten die Röntgenaufnahme stammt. Eine technische Aufzeichnung liegt vor.*

Unerheblich ist, ob die Individualisierung für jedermann erkennbar ist. Es genügt, wenn dies für Eingeweihte möglich ist, z.B. über Kennziffern in Verbindung mit der Kartei.

**Bsp.:** *A erhält im Supermarkt an der Käsetheke Käse in einem Plastikbeutel, den die Verkäuferin verschlossen und an den sie einen von der Waage ausgeworfen Zettel angeheftet hat. - Aus der Verbindung mit der Klammer ergibt sich, dass sich der Wiegezettel auf die im Beutel eingeschlossenen Waren bezieht, eine technische Aufzeichnung liegt vor.*

Die technische Aufzeichnung **muss zum Beweis geeignet und bestimmt** sein. Die Definition deckt sich mit der des § 267.

**Bsp.:** *F legt eine Papierscheibe in den Fahrtenschreiber des LKW. - Diese Scheibe ist für LKW-Fahrten gesetzlich vorgeschrieben und daher zum Beweis geeignet und bestimmt.*

## Unecht

**Definition**

**Unecht ist eine technische Aufzeichnung, die entweder nicht von dem angegebenen Gerät, überhaupt nicht von einem automatischen Aufzeichnungsvorgang oder die nicht von einem unbeeinflussten Aufzeichnungsvorgang stammt.**

***Bsp.:*** *X möchte bei der Sparkasse S einen Kredit beantragen und muss dazu über seine Vermögensverhältnisse Auskunft geben. Um seine finanziellen Verhältnisse besser darzustellen, fertigt er mit Hilfe seines Computers und eines guten Druckers ein Schriftstück, das so aussieht wie ein Kontoauszug der D-Bank. Dieser Auszug weist ein dickes Sparguthaben aus. - Hier erweckt das Papier den Eindruck, von dem Kontoauszugdrucker der D-Bank erstellt worden zu sein.*

Gleiches gilt, wenn die technische Aufzeichnung gar nicht von einem automatischen Aufzeichnungsvorgang oder unbeeinflussten Aufzeichnungsvorgang stammt.

***Bsp.:*** *X hat in ein leeres Kontoauszugsformular der Bank Zahlen mit der Hand eingetragen.*

***Weiteres Bsp.:*** *X manipuliert den Kontoauszugdrucker der Bank so, dass falsche Zahlen ausgegeben werden. - Diese Aufzeichnung stammt nicht von einem unbeeinflussten Aufzeichnungsvorgang.*

Eine Manipulation, die sich nicht auf den Aufzeichnungsvorgang erstreckt, erfüllt den Tatbestand nicht.

***Bsp.:*** *Der LKW-Fahrer F trägt den Namen seines Kollegen K in die Papierscheibe des Fahrtenschreibers ein. - Hier wird der Aufzeichnungsvorgang des Gerätes nicht beeinflusst; die Manipulation erstreckt sich nur auf eine falsche Bezeichnung des Bezugsobjekts.*

## Tathandlungen

Die Tathandlungen des § 268 sind parallel zu § 267 konstruiert, wobei hier vier Handlungsalternativen bestehen

- **Herstellen einer unechten technischen Aufzeichnung**
- **Verfälschen einer echten technischen Aufzeichnung**
- **Gebrauch einer unechten oder verfälschten technischen Aufzeichnung**
- **Beeinflussen des Aufzeichnungsvorganges**

**Beachten Sie:** Nach § 268 ist jedoch nicht strafbar, wer nur einen Defekt eines Gerätes ausnutzt.

## Fälschung beweiserheblicher Daten § 269

§ 267 setzt eine ausreichende Verkörperung der Erklärung voraus. Wird am Computer gearbeitet, so werden die Daten zwar am Bildschirm angezeigt, aber dort nicht verkörpert. Der Schutz des § 267 kann also nicht greifen, wenn im Computer eingespeiste Daten verändert und bei der Ausgabe unmittelbar maschinell als Daten weiterverarbeitet werden.

Hier setzt die Vorschrift des § 269 ein. Schutzgut ist die Sicherheit und Zuverlässigkeit des Rechtsverkehrs, soweit er sich im Zusammenhang mit Datenverarbeitungsvorgängen solcher Daten bedient, die beweiserheblich sind.

**Tathandlung** ist in der ersten Variante

**das Speichern von Daten auf eine Weise, dass bei ihrer optisch-visuellen Wahrnehmung eine unechte Urkunde vorliegen würde**

**Speichern** ist dabei

**jeder Vorgang, durch den die Daten in eine Datenverarbeitungsanlage eingegeben werden.**

Die zweite Alternative erfasst das **Verändern von Daten**, also in der inhaltlichen Umgestaltung von beweiserheblichen gespeicherten oder übermittelten Daten.

Die dritte Variante ist das **Gebrauchen derart gespeicherter oder veränderter Daten.**

Der **subjektive Tatbestand** verlangt das Handeln des Täters zur Täuschung im Rechtsverkehr. Regelmäßig wird aber bei diesen Vorgängen kein Mensch getäuscht. § 270 stellt daher klar, dass diese Voraussetzung bereits erfüllt ist, wenn es dem Täter lediglich darum geht, die fälschliche Datenverarbeitung zu beeinflussen.

## Wiederholungsfragen zu §§ 268, 269

| | |
|---|---|
| 1. Was schützt § 268, was nicht? | Die Vorschrift schützt die Ungestörtheit und damit die "Echtheit" des Aufzeichnungsvorganges, nicht aber die Richtigkeit des Aufzeichnungsergebnisses. |
| 2. Ist der Zeigerausschlag eines Messgerätes eine technische Aufzeichnung? Begründung? | Nein, denn es muss eine Information von einer gewissen Dauerhaftigkeit gegeben sein. Beim Messgerät ist die Information flüchtig und wird in keiner Weise festgehalten. |
| 3. Ist der Zählerstand einer Wasseruhr als technische Aufzeichnung geschützt? | Das ist umstritten. Der BGH verneint dies, denn er verlangt, dass die vom Gerät erzeugte Information in einem selbständig verkörperten, vom Gerät abtrennbaren Stück enthalten sein muss. Nach der herrschenden Literatur reicht es aus, wenn im Gerät eine Addition zu den bereits gezählten Werten erfolgt und somit eine ausreichende Verkörperung gegeben ist. |
| 4. Wann ist eine technische Aufzeichnung unecht? | Unecht ist eine technische Aufzeichnung, wenn sie<br>• entweder nicht von dem angegebenen Gerät,<br>• überhaupt nicht von einem automatischen Aufzeichnungsvorgang oder<br>• nicht von einem unbeeinflussten Aufzeichnungsvorgang stammt. |

## Mittelbare Falschbeurkundung § 271

### Prüfungsschema zu § 271 (Grunddelikt)

**A. Tatbestand**
- **I. objektiver Tatbestand**
  - **1. Tatobjekte**
    - **a. öffentliche Urkunde**
    - **b. öffentliche Bücher**
    - **c. öffentliche Dateien**
    - **d. öffentliche Register**
  - **2. Erklärungen oder Tatsachen, welche für Rechtsverhältnisse von Erheblichkeit sind**
  - **3. bewirken, dass diese als abgegeben oder geschehen beurkundet oder gespeichert werden**
  - **4. überhaupt nicht oder nicht in dieser Weise abgegeben oder geschehen sind**
- **II. subjektiver Tatbestand = Vorsatz**

**B. Rechtswidrigkeit**

**C. Schuld**

Die Vorschrift des § 271 schützt die **Beweiskraft öffentlicher Urkunden** und in öffentlichen Dateien gespeicherter beweiserheblicher Daten, soweit diese öffentlichen Glauben genießen.

**Schutzgut** der Vorschrift ist die **inhaltliche Richtigkeit**, nicht die formelle Echtheit der Urkunden und Daten.

### Öffentliche Urkunden

Öffentliche Urkunden sind nach § 415 Abs.1 ZPO solche,

**die von einer Behörde oder einer mit öffentlichem Glauben versehenen Person innerhalb ihrer sachlichen Zuständigkeit in der vorgeschriebenen Form aufgenommen worden sind und außerdem öffentlichen Glauben genießen, also Beweis für und gegen jedermann erbringen.**

***Bsp.:*** *Die E möchte erneut heiraten. Ihrem künftigen Ehemann M verschwieg sie, dass sie bereits einmal geschieden ist. Beim Standesamt gelingt es ihr, den Standesbeamten zu täuschen, so dass dies im Familienbuch nicht eingetragen wird. - Das Familienbuch ist eine öffentliche Urkunde, die zum Beweis der Daten des Familienstands nach außen bestimmt ist und den Zweck hat, Beweis für und gegen jedermann zu erbringen. Die falsche Eintragung erfüllt den Tatbestand des § 271.*

Entscheidend ist dabei, dass die falsch beurkundete Tatsache gerade von der spezifischen **Beweiskraft dieser Urkunde umfasst** wird.

**Bsp.:** *Der X ist durch die Führerscheinprüfung gefallen. Dennoch beantragt er einen Führerschein und gibt an, er habe die Prüfung bestanden. - Der erteilte Führerschein ist eine öffentliche Urkunde, die Beweis erbringen soll gegenüber jedermann, dass der Inhaber berechtigt ist, ein Fahrzeug zu führen. Diese Berechtigung fehlt dem X, da er ja die Prüfung nicht bestanden hat. Er hat eine mittelbare Falschbeurkundung begangen.*

**Gegenbsp.:** *Der Asylbewerber A gibt bei seinem ersten Behördenkontakt einen falschen Namen an. - Die in der von einer Aufnahmeeinrichtung ausgestellten Bescheinigung über die Meldung als Asylbewerber enthaltenen Personalangaben genießen keinen öffentlichen Glauben; sie unterfallen damit nicht dem strafrechtlichen Schutz nach § 271 StGB.*

Problematisch ist z.T. die Feststellung, wie weit die Beweiskraft der Urkunde reicht.

**Bsp.:** *Die F beantragt einen Führerschein. Da sie eitel ist, macht sie sich etwas jünger und gibt ein unrichtiges Geburtsdatum an. - Die Beweiseignung des Führerscheins erstreckt sich auch auf die Geburtsdaten des Inhabers, denn erst mit Hilfe des Geburtsdatums wird die Person des Inhabers ausreichend festgelegt. Auch hier ist § 271 erfüllt.*

**Gegenbsp.:** *Der abgebrochene Student S gibt bei seinem Führerscheinantrag einen Doktortitel an. - Die Beweiskraft des Führerscheins erstreckt sich nicht auf den Nachweis der Berechtigung des Inhabers, einen akademischen Grad zu führen, § 271 liegt nicht vor.*

**Klausurtip:** **Prüfen Sie in der Klausur genau, was mit der öffentlichen Urkunde bewiesen werden soll. Dieses einschränkende Merkmal wird häufig übersehen; hier werden die meisten Fehler gemacht!**

Wichtig ist, genau zu unterscheiden, worauf sich der öffentliche Glaube der vorgenommenen Beurkundung bezieht. Oft bezieht er sich nur darauf, dass jemand eine Erklärung abgegeben hat. Die Beweiskraft erfasst dann nur die Tatsache, dass diese Erklärung von der betreffenden Person abgegeben worden ist, nicht aber auf die Richtigkeit des Inhaltes der Erklärung.

**Bsp.:** *A verkauft B ein Grundstück. Im notariellen Kaufvertrag lassen die beiden, um Grunderwerbsteuer zu sparen, einen Kaufpreis von 100.000 € beurkunden, obwohl tatsächlich 200.000 € gezahlt werden sollen. - Der notarielle Kaufvertrag ist eine öffentliche Urkunde, bei der sich der öffentliche Glaube darauf bezieht, dass die erschienenen Personen die niedergeschriebenen Erklärungen abgegeben haben. Diese hat der Notar hier festgehalten. Die Beweiskraft erstreckt sich aber nicht auf die Richtigkeit der beurkundeten Erklärungen. Eine mittelbare Falschbeurkundung liegt demnach nicht vor.*

Es ist stets genau zu prüfen, welche Umstände in die Erklärung, die beurkundet ist, einbezogen wurden. Dabei können auch Regeln zu beachten sein, die in Gesetzen zwingend vorgesehen sind.

**Bsp.:** *X und Y wollen einen Kaufvertrag beim Notar beurkunden. Da der X keine Zeit hat, schickt er seinen Bruder Z mit seinem - des X - Ausweis zum Notar. Der Notar nimmt in die Urkunde die Personalien des X und des Y als Personalien der Erschienenen auf. - Die Beweiskraft der notariellen Beurkundung erstreckt sich auch auf die Richtigkeit der Personalien der Erschienenen (vgl. § 10 BeurkG). Hier ist also § 271 gegeben, da eine inhaltlich falsche öffentliche Urkunde erstellt worden ist.*

**Hinweis**

**Häufig wird bei Falschaussagen im Prozess fälschlicherweise § 271 StGB bejaht mit der Begründung, im Verhandlungsprotokoll sei eine Tatsache falsch festgehalten worden.**
**Zwar ist das Verhandlungsprotokoll eine öffentliche Urkunde, die Beweiskraft erstreckt sich jedoch nur darauf, dass eine bestimmte Person eine bestimmte Aussage gemacht hat.**
**Die Richtigkeit dieser Aussage wird von der Beweiskraft des Protokolls aber gerade nicht umfasst.**

Für Öffentliche Bücher und Register als Unterfälle der öffentlichen Urkunden gelten die gleichen Regeln.

## Bewirken einer unwahren Eintragung

Unter dem Bewirken ist jede **Veranlassung der Eintragung nach den Merkmalen der mittelbaren Täterschaft zu sehen**. Der Täter des § 271 benutzt **den Amtsträger quasi als Werkzeug,** denn der Tatbestand setzt die Gutgläubigkeit des beurkundenden Amtsträgers voraus.

Hieraus können sich verschiedene Besonderheiten und Probleme ergeben:

- ist der **Amtsträger gutgläubig** und **geht der Täter auch davon aus**, so liegt § 271 vor; der **Amtsträger bleibt straflos**.
- ist der **Amtsträger bösgläubig** und **erkennt der "Täter" dies**, so greift beim **Amtsträger § 348** ein und beim **"Täter" nur Anstiftung nach §§ 348, 26**,
- ist der **Amtsträger bösgläubig**, aber der **Täter geht von Gutgläubigkeit aus**, so ist nach h.M. ebenfalls **§ 271 gegeben**. Daneben ist der **Amtsträger nach § 348 strafbar.**

## Gebrauch falscher Beurkundungen § 271 Abs.2

Das Gebrauchen umfasst die **gleichen Tathandlungen wie bei § 267**. Erforderlich ist diese Vorschrift, um Strafbarkeitslücken zu schließen, wenn

- der Täter ohne Vorsatz oder
- ein Dritter

  die falsche Beurkundung bewirkt hat.

## Qualifizierung § 271 Abs.3

Die **schwere mittelbare Falschbeurkundung** qualifiziert den Grundtatbestand des § 271 durch

- **entgeltliches Handeln** oder
- die **Absicht, sich oder einem Dritten einen Vermögensvorteil zu verschaffen**
- oder **eine andere Person zu schädigen.**

**Entgeltliches Handeln** liegt vor, wenn der Täter für sein Handeln einen materiellen Gegenwert erhält.

Der angestrebte Vorteil muss dabei weder rechtswidrig sein noch aus dem Gebrauch der Falschbeurkundung stammen. Es genügt auch jeder indirekte Vorteil.

***Bsp.**: Der A erreicht durch Täuschung des Beamten B, dass ihm ein Führerschein ausgestellt wird. A will damit die Kosten einer erneuten Führerscheinprüfung vermeiden. - Hier wird durch mittelbare Falschbeurkundung ein Führerschein ausgestellt und damit bescheinigt, dass der A berechtigt sei, ein Fahrzeug zu führen. Der A handelt mit der Absicht, Kosten zu sparen und sich so einen Vermögensvorteil zu verschaffen.*

## Verändern von amtlichen Ausweisen § 273

Die Vorschrift soll die Strafbarkeitslücke schließen, die dadurch entstanden ist, dass manipulierende Änderungen von belastenden Eintragungen in amtlichen Ausweisen weder von § 267 noch von § 274 erfasst werden. Anders als in § 274 kommt es hier auf das Merkmal "nicht gehören" nicht an. Die Veränderungen von Ausweispapieren, an denen allein dem Inhaber das Beweisführungsrecht zusteht, sind jetzt nach dieser Vorschrift strafbar.

## Wiederholungsfragen zu § 271

| | |
|---|---|
| 1. Definieren Sie den Begriff der öffentlichen Urkunde! | Öffentliche Urkunden sind solche, die von einer Behörde oder einer mit öffentlichem Glauben versehenen Person innerhalb ihrer sachlichen Zuständigkeit in der vorgeschriebenen Form aufgenommen worden sind und außerdem öffentlichen Glauben genießen, also Beweis für und gegen jedermann erbringen. |
| 2. Welche Vorschrift regelt die Beweiskraft öffentlicher Urkunden? | Einschlägig ist § 415 Abs.1 ZPO. |
| 3. Welche Einschränkung ist immer bei § 271 zu beachten? | Maßgeblich ist immer, dass die falsch beurkundete Tatsache gerade von der spezifischen Beweiskraft dieser Urkunde umfasst werden muss. Ist dies nicht der Fall, scheidet § 271 aus. |
| 4. Was versteht man unter dem Bewirken im Sinne des § 271? | Darunter ist jede Veranlassung der Eintragung zu sehen, die den Merkmalen der mittelbaren Täterschaft entspricht. Der Täter des § 271 benutzt den Amtsträger quasi als gutgläubiges Werkzeug. |

## Urkundenunterdrückung § 274

**Schutzgut des § 274** ist nicht der Beweisverkehr im Allgemeinen, sondern das Beweisführungsrecht eines einzelnen. Geschützt werden **Urkunden i.S.d. § 267** und **technische Aufzeichnungen i.S.d. § 268.**

**Tatobjekt** ist

**eine dem Täter nicht gehörende echte Urkunde bzw. technische Aufzeichnung**

Dabei ist **nicht auf das zivilrechtliche Eigentum abzustellen**, sondern auf die **Beweisführungsbefugnis.**

**Häufigster Fehler bei § 274 ist, dass das Merkmal "nicht gehören" mit "Eigentum" gleichgesetzt wird.**
**Beachten Sie, dass § 274 nicht das Eigentum, sondern das Beweisführungsrecht schützt.**

***Bsp:*** *Der S wird verdächtigt, als Schlepper illegal Ausländer nach Deutschland gebracht zu haben. Um seine Auslandsaufenthalte zu verschleiern, hat er in seinem Pass einige Ein- und Ausreisestempel sowie Visa aus verschiedenen Ländern entfernt. - Der Tatbestand der Urkundenunterdrückung verlangt, dass der Täter die ihm nicht ausschließlich gehörende Urkunde vernichtet, beschädigt oder unterdrückt. Die im Passe enthaltenen Stempel (Visastempel, Ein- und Ausreisestempel) sind - ebenso wie der Pass selbst - Einzelurkunden. „Gehören" bezeichnet hier nicht die dinglichen Eigentumsverhältnisse, sondern das Recht, mit der Urkunde im Rechtsverkehr Beweis zu erbringen. Dieses entspricht dem Schutzzweck der Vorschrift, die die Beweisfunktion desjenigen schützt, der an der Urkunde berechtigt ist. In diesem Sinne gehören der Reisepass und die in ihm enthaltenen Urkunden ausschließlich dem Inhaber, da sie allein dessen Gebrauchsbefugnis unterstehen (OLG Hamm NStZ-RR 1998, 331; BayObLG, NJW 1990, 264 m. w. Nachw.).*

**Vernichten** ist die

**völlige Beseitigung der beweiserheblichen Substanz**

Dies kann durch Zerstörung der Urkunde, aber auch durch Unlesbarmachen oder durch Trennung einer zusammengesetzten Urkunde erfolgen.

***Bsp.:*** *Die Ehefrau F droht dem Ehemann M, sich scheiden zu lassen. Daraufhin wirft der M das Familienbuch ins Feuer. Die Heiratsurkunde verbrennt. - Die Urkunde ist hier in ihrer Substanz vernichtet worden.*

**Beschädigen** liegt nur vor,

**wenn der Beweisführungswert der Urkunde beeinträchtigt wird**

***Bsp.:*** *M wirft das Familienbuch ins Feuer, allerdings brennt nur der Einband; die Heiratsurkunde bleibt lesbar. - Hier bleibt der Beweisführungswert der Urkunde unbeeinträchtigt. Es liegt also keine Urkundenunterdrückung vor, sondern nur Sachbeschädigung nach § 303.*

**Unterdrücken** ist

**jede Handlung, die den Berechtigten in sonstiger Weise an der Benutzung der Urkunde hindert.**

Es genügt dazu auch eine nur vorübergehende Behinderung.

***Bsp.:*** *Der Ehemann M versteckt das Familienbuch im Keller. - Hier wird der F - zumindest vorübergehend - die Benutzung der Heiratsurkunde unmöglich gemacht. Es liegt eine Urkundenunterdrückung vor.*

Im **subjektiven Tatbestand** ist neben dem **Vorsatz** die **Absicht** erforderlich, jemand anderem **einen Nachteil zuzufügen**. Das beschränkt sich nicht auf einen Vermögensnachteil. Erforderlich ist bei der Absicht jedoch nur dolus directus 2.Grades, also das sichere Wissen, die Beweisführungsrechte eines anderen zu beeinträchtigen.

## Wiederholungsfragen zu § 274

| | |
|---|---|
| 1. Was schützt § 274? | Die Vorschrift schützt das Beweisführungsrecht eines einzelnen, nicht den Beweisverkehr im Allgemeinen. |
| 2. Wann gehört dem Täter die Urkunde nicht? | Abzustellen ist auf die Beweisführungsbefugnis, nicht auf das zivilrechtliche Eigentum. |
| 3. Wann wird eine Urkunde beschädigt i.S.d. § 274. | Ein Beschädigen im Sinne dieser Vorschrift liegt nur vor, wenn der Beweisführungswert der Urkunde beeinträchtigt wird. |
| 4. Welche subjektiven Voraussetzungen stellt § 274 auf? | Neben dem Vorsatz ist die Absicht erforderlich, jemand anderem einen Nachteil zuzufügen. Erforderlich ist der direkte Vorsatz 2.Grades, die Beweisführungsrechte eines anderen zu beeinträchtigen, nicht aber, dem anderen einen Vermögensnachteil zuzufügen. |

**Fall 8** (Bloß nicht zum TÜV)

*Der B möchte seinen Gebrauchtwagen verkaufen. Um die Kosten für die TÜV-Vorführung zu sparen, entfernt er die alte TÜV-Plakette. Strafbarkeit des B aus § 274?*

## Lösungsvorschlag

B könnte durch das Entfernen der alten TÜV-Plakette eine Urkundenunterdrückung gem. § 274 Abs.1 Nr.1 verwirklicht haben.

Die am Fahrzeug befestigte TÜV-Plakette beinhaltet die Gedankenerklärung, dass dieses Fahrzeug ordnungsgemäß beim TÜV vorgestellt und abgenommen worden ist. Die Erklärung ist auch dauerhaft am Schild angebracht, also verkörpert, lässt den TÜV als Aussteller erkennen und dient dem Nachweis der vorgenannten Tatsachen. Es liegt also eine Urkunde vor. Da die Plakette tatsächlich vom TÜV stammt, ist sie auch echt.

Fraglich ist, ob diese Plakette dem B nicht ausschließlich gehört. Zivilrechtlicher Eigentümer der Plakette ist der B geworden. § 274 stellt aber nicht auf das Eigentum ab, sondern auf das Beweisführungsrecht. Die Plakette ermöglicht es einerseits dem B, Dritten gegenüber nachzuweisen, dass das Fahrzeug zu einem bestimmten Zeitpunkt beim TÜV abgenommen worden ist und daher bis zu einem weiteren Zeitpunkt "TÜV-frei" ist. Daher steht das Beweisführungsrecht steht hier jedenfalls auch dem B zu. Fraglich ist aber, ob es ihm allein zusteht. Mit Hilfe der Plakette können beispielsweise das Straßenverkehrsamt und die Polizei nachweisen, wann B seinen Wagen wieder beim TÜV vorführen muss. Somit steht das Beweisführungsrecht auch diesen Stellen zu. Es fehlt also an der ausschließlichen Beweisführungsberechtigung des B. Folglich gehört die Urkunde nicht ausschließlich dem B.

Diese Urkunde müsste B unterdrückt haben. Indem der B sie entfernt und damit verhindert, dass sie weiterhin als Beweismittel benutzt werden kann, ist dies der Fall.
Der Vorsatz des B ist ebenfalls gegeben.

Fraglich ist aber, ob der B mit der Absicht handelte, einen Beweisnachteil zuzufügen. Erforderlich ist dazu, dass der Täter das Beweisführungsrecht des Berechtigten beeinträchtigen will. Es reicht entgegen dem Wortlaut jedoch insoweit dolus directus 2.Grades.

Durch das Entfernen des alten (gültigen) TÜV-Stempels kann B nicht mehr durch diesen Stempel nachweisen, dass das Fahrzeug noch "TÜV-frei" ist. Er fügt sich somit selbst einen Beweisnachteil zu. Dieser eigene Nachteil reicht aber nicht aus.

Es könnte jedoch auch das Beweisführungsrecht des Straßenverkehrsamtes und der Polizei durch die Manipulation des B ebenfalls beeinträchtigt worden sein. Durch die Veränderung sind die Möglichkeiten einer Beweisführung für die vorgenannten Stellen verschlechtert, eine Beeinträchtigung der Beweisführung mithin gegeben. Fraglich ist jedoch, ob der B es als sicher angesehen hat, dass die fremde Beweisbeeinträchtigung die Folge sein würde. Da es ihm im vorliegenden Fall um die Verkäuflichkeit des Wagens ging, wird er sich in dieser Hinsicht keine Gedanken gemacht haben. Damit fehlt es an der Benachteiligungsabsicht i.S.d. § 274 Abs.1. Somit scheidet eine Strafbarkeit nach § 274 Abs.1 Nr.1 aus.

§§§§§§§§§§§§§§§§§§

## Missbrauch von Ausweispapieren § 281

**Tatobjekt des § 281** sind **echte Ausweispapiere**. Nach § 281 Abs.2 stehen Zeugnisse und andere Urkunden, die im Rechtsverkehr als Ausweis verwendet werden, den Ausweisen gleich.

Das Gesetz unterscheidet **zwei Tathandlungen**:

**1. Gebrauch eines Ausweispapiers**, das für einen anderen ausgestellt worden ist.

> ***Bsp.:*** *Dem A ist der Führerschein entzogen worden. Er benutzt den Führerschein seines Bruders B und legt ihn bei einer Polizeikontrolle vor. - Hier gebraucht der A ein Ausweispapier, das nicht für ihn, sondern den B ausgestellt worden ist. Der Tatbestand des § 281 ist erfüllt.*

> ***Bsp.:*** *Der X benutzt den Behindertenausweis des Y, um unentgeltlich einen gebührenpflichtigen Parkplatz zu benutzen. Damit gebraucht er Ausweispapier i.S.d. § 281 StGB zur Täuschung im Rechtsverkehr und macht sich deshalb des Missbrauchs von Ausweispapieren schuldig*

**2. Überlassung eines eigenen Ausweispapiers an einen anderen.**

> ***Bsp.:*** *Der B hat dem A seinen Führerschein zur Verfügung gestellt. - Hier liegt die Überlassung des eigenen Ausweispapiers des B an den A vor. Auch B ist nach § 281 strafbar.*

Fälschungen scheiden als Tatobjekte aus. Der Tatbestand des § 281 StGB ist nur dann erfüllt, wenn die gebrauchte oder überlassene **Urkunde echt** ist.

> ***Bsp.:*** *A benutzt einen Pass, den er gefunden hat. Dabei hat er sein Bild in den Pass geklebt. - Ein echter Ausweis liegt nicht mehr vor, wenn das Lichtbild im Ausweis ausgewechselt wurde. Dann scheidet auch § 281 StGB aus (OLG Bremen StV 2002, 552).*

**Subjektiv** ist ein **Handeln zur Täuschung im Rechtsverkehr** erforderlich. Dies erfordert eine **Identitätstäuschung**. Der Täter muss also den Irrtum erwecken wollen, dass derjenige, der das Ausweispapier gebraucht, mit demjenigen, der dadurch ausgewiesen wird, personengleich sei.

## Falschbeurkundung im Amt § 348

Die Falschbeurkundung im Amte ist ein **echtes Amtsdelikt** (Sonderdelikt).

**Täter des § 348 StGB kann also nur ein Amtsträger sein.**

Der Amtsträger muss

**innerhalb seiner örtlichen und sachlichen Zuständigkeit eine öffentliche Beurkundung vornehmen**

Die von ihm beurkundete **Tatsache muss falsch** sein. Hierbei kommt es wie bei § 271 auf die jeweils bestehende Reichweite des öffentlichen Glaubens an.

Genau zu prüfen ist dabei immer, welchen konkreten Erklärungswert die jeweilige Urkunde hat.

Entscheidend ist also immer, ob sich die **Beweiskraft der Urkunde** gerade auf den falsch beurkundeten Teil erstreckt.

> ***Bsp.:*** *Der Notar beurkundet einen Vertrag mit einem Ausländer und stellt dabei - entgegen den Tatsachen - fest, dass dieser die deutsche Sprache hinreichend verstehe. Ein Notar macht sich nicht der Falschbeurkundung im Amt schuldig, wenn er falsch beurkundet, dass ein Erschienener der deutschen Sprache hinreichend mächtig ist, da sich darauf nicht die Beweiskraft der Urkunde erstreckt (BGH NJW 2001, 3135).*

Der **Täter muss bösgläubig** sein, also erkennen, dass die Beurkundung falsch ist.

> ***Bsp.****: X und Y wollen einen Kaufvertrag beim Notar beurkunden. Da der X keine Zeit hat, schickt er seinen Bruder Z mit seinem - des X - Ausweis zum Notar. Der Notar ist in die Manipulation eingeweiht und nimmt in die Urkunde die Personalien des X und des Y als Personalien der Erschienenen auf. - Hier wird der beurkundende Amtsträger nicht getäuscht wie bei § 271, sondern ist bösgläubig. Er beurkundet eine Tatsache, die nicht geschehen ist, nämlich die Anwesenheit des X bei der Beurkundung. § 348 ist erfüllt.*

**Vollendung der Tat** tritt erst ein, wenn der Amtsträger die **Urkunde dem Rechtsverkehr bewusst zugänglich macht** oder dies jedenfalls gestattet.

> ***Bsp.****: Der Notar bekommt nach der Beurkundung Bedenken und behält die Urkunde in seinem Büro. - Hier ist noch keine Vollendung eingetreten, da der Notar die Urkunde noch nicht dem Rechtsverkehr zugänglich gemacht hat, sondern dies gerade verhindern will.*

## Wiederholungsfragen zu §§ 281, 348

| | |
|---|---|
| 1. Was sind die Tatobjekte des § 281? | Tatobjekt des § 281 sind echte Ausweispapiere. |
| 2. Welche subjektiven Voraussetzungen erfordert § 281? | Neben dem Vorsatz ist das Handeln zur Täuschung im Rechtsverkehr notwendig. Verlangt wird dabei eine Identitätstäuschung. Der Täter muss einen Irrtum erwecken wollen, dass derjenige, der dadurch das Ausweispapier ausgewiesen wird, mit demjenigen, der es gebraucht, personengleich sei. |
| 3. Wer kann Täter des § 348 sein? | Täter kann nur ein Amtsträger sein, denn die Falschbeurkundung im Amte ist ein echtes Amtsdelikt (Sonderdelikt). |
| 4. Kann der Täter bei § 348 gutgläubig handeln? | Nein; der Täter muss bösgläubig sein, also erkennen, dass die Beurkundung falsch ist. |
| 5. Wann tritt Vollendung der Tat ein? | Erst wenn der Amtsträger die Urkunde dem Rechtsverkehr bewusst zugänglich macht oder dies jedenfalls gestattet, tritt die Vollendung der Tat ein. |

## Fall 9 (Der nächtliche Unfall)

*Als der F nachts auf menschenleerer Straße aus Unachtsamkeit von der Fahrbahn abkommt und mit seinem Wagen im Graben landet, schraubt er das Kennzeichen von dem Autowrack ab und macht sich damit aus dem Staube. Hat er sich wegen Urkundenunterdrückung strafbar gemacht?*

### Lösungsvorschlag

Der F könnte gem. § 274 Abs. 1 Satz 1 StGB strafbar sein.

Das mit der Zulassungsplakette versehene und am Fahrzeug befestigte Autokennzeichen ist eine zusammengesetzte Urkunde. Die Stempelplakette der Zulassungsstelle enthält die Gedankenerklärung, dass dieses Kennzeichen für dieses Fahrzeug demjenigen zugeteilt worden ist, der im Fahrzeugregister eingetragen ist. Eine entsprechende Beweiseignung und Bestimmung ist gegeben. Diese Gedankenerklärung ist auch dauerhaft verkörpert, denn die Plakette ist fest mit dem Kennzeichen verbunden, das seinerseits fest am Fahrzeug angebracht ist. Als Aussteller ist die Straßenverkehrsbehörde erkennbar.

Diese Urkunde ist auch echt.

Die Urkunde darf dem Täter überhaupt nicht oder nicht ausschließlich gehören. Damit ist nicht das Eigentum gemeint, sondern das Beweisführungsrecht. Das Kennzeichen dient einmal zivilrechtlichen Zwecken, nämlich in Verbindung mit dem Fahrzeugregister den Halter des Fahrzeuges und den Versicherungsschutz festzustellen (§§32, 39 StVG). Es dient aber auch öffentlich-rechtlichen Verwaltungs- und Überwachungszwecken, also konkret der Durchsetzung von Straf- und Bußgeldansprüchen. Da die Strafrechtspflege über § 258 ff. StGB geschützt wird, ist es nur konsequent, das Interesse, auch solche Straftaten zu beweisen, zu schützen.

Vernichtet ist eine zusammengesetzte Urkunde dann, wenn die feste Verbindung zwischen der Gedankenerklärung und der verbundenen Sache aufgehoben wird. Durch die Trennung von Kennzeichen und Fahrzeug ist der Beweiswert völlig aufgehoben worden.

Vorsatz des F ist ebenfalls gegeben. § 274 StGB erfordert zudem aber Nachteilsabsicht. Nachteil ist dabei jede Beeinträchtigung fremder Rechte; dabei kommen nicht nur Vermögensnachteile in Betracht.

Anerkannt ist, dass die Vereitelung zivilrechtlicher Schadensersatzansprüche ein Nachteil im Sinne der Vorschrift ist. Ein Geschädigter, der zivilrechtliche Ansprüche geltend machen könnte, ist aber hier nicht vorhanden.

Umstritten ist jedoch, ob die Vereitelung des staatlichen Straf- oder Bußgeldanspruches ein Nachteil eines anderen ist. Stellt man auf den Schutz des Strafanspruchs durch § 258 StGB ab, so zeigt sich, dass dieser Strafanspruch auch ein strafrechtliches Schutzgut ist. Auch ist der Staat in der Form von Bund und Ländern eine juristische Person und damit ein "anderer", so dass die Frage zu bejahen sein dürfte (so BGHSt 29,192, 196; a.A. Sch.-Sch.-Cramer, § 274 Rdnr. 16).

Für die Bejahung der Absicht genügt jedenfalls dolus directus 2.Grades. Da der Nachteil bereits in der Beweiserschwerung liegt, ist diese Absicht gegeben. Dies gilt aber auch, wenn der Nachteil erst in der Nichtdurchsetzbarkeit von Strafansprüchen gesehen wird.
Der F ist gem. § 274 Abs. 1 Nr. 1 StGB strafbar.

§§§§§§§§§§§§§§§§§§§§§§§§§§§§§

# 6. Kapitel
# Aussagedelikte

## Die falsche Aussage

**Geschütztes Rechtsgut** der Aussagedelikte ist **die Funktionsfähigkeit der innerstaatlichen Rechtspflege**. Bei den Aussagedelikten handelt es sich um abstrakte Gefährdungsdelikte, so dass die Rechtspflege nicht tatsächlich beeinflusst oder gefährdet worden sein muss.

Der Täter muss eine **Aussage** machen. Reines Schweigen ist keine Aussage.

> ***Bsp.**: Der Richter vernimmt im Prozess 3 Personen als Zeugen über ein Gespräch zwischen Kläger und Beklagtem. Der A schweigt trotz mehrfacher Aufforderung des Richters hartnäckig. Der B sagt wahrheitswidrig aus, er habe nichts gehört. Der C berichtet einige Minuten über das mitgehörte Gespräch. Über die darin besprochene Zahlungsfrist schweigt er, obwohl er auch diese Gesprächspassage gehört hat. - Bei A liegt gar keine Aussage vor. B hat ausdrücklich falsch ausgesagt, während bei C eine konkludente falsche Aussage vorliegt ("Mehr weiß ich darüber nicht").*

Das **Verschweigen** eines Umstandes gilt nur dann als **konkludente Aussage**, wenn der verschwiegene Umstand für die Beantwortung der konkreten Beweisfrage nicht völlig unwesentlich, also entscheidungserheblich ist. Ein Zeuge hat bei seiner Vernehmung nicht nur die reine Wahrheit zu sagen, sondern er ist auch verpflichtet, nichts zu verschweigen. Er muss alles angeben, was erkennbar mit der Beweisfrage in untrennbarem Zusammenhang steht und für die Entscheidung des Rechtsstreits erheblich ist. Entscheidungsunerhebliche Informationen liegen außerhalb des Vernehmungsgegenstandes, denn der Richter will vom Zeugen und Sachverständigen nicht alles, sondern nur das hören, was für die zu treffende Entscheidung von Bedeutung sein kann.

Entscheidend für die Strafbarkeit ist, dass die Aussage oder eidesstattliche Versicherung **falsch** sein muss. Gemeinsames Tatbestandsmerkmal der §§ 153 ff ist daher die **falsche Aussage.**

**Die Aussage ist nach heute herrschender Meinung dann falsch, wenn sie mit der Wirklichkeit nicht übereinstimmt (sog. objektive Theorie).**

Dabei muss immer beachtet werden, was der genaue Gegenstand einer Aussage ist. Dies sind bei Zeugen **äußere und innere Tatsachen**, beim Sachverständigen fallen auch Werturteile darunter.

Unter **äußeren Tatsachen** versteht man

**alle Geschehnisse, die einem Beweis zugänglich sind**

Diese Geschehnisse können in der Gegenwart oder in der Vergangenheit liegen.

**Bsp.:** *Der X behauptet als Zeuge, der A sei bei Grün über die Ampel gefahren. - Diese Angabe ist falsch, wenn der A tatsächlich bei Rot über die Ampel gefahren ist.*

Innere Tatsachen sind

**Überzeugungen, Wahrnehmungen oder Erinnerungen**

**Bsp.:** *Der Z sagt als Zeuge aus, er erinnere sich genau daran, dass der B am Tattage bei ihm und nicht am Tatort gewesen sei. - Diese Aussage des Z ist falsch, wenn dieser sich nicht mehr genau erinnert, ob der B am Tattage nicht bei ihm war.*

Die Wahrheitspflicht erstreckt sich beim Zeugen sowohl im Zivilprozess als auch im Strafprozess auch auf die Angaben zur Person (§§ 395 ZPO, 68 StPO). Weiter gehören dazu sämtliche inhaltlichen Angaben, die zum Gegenstand der Vernehmung des Zeugen gemacht worden sind. Es ist also immer genau zu prüfen, ob die betreffenden Angaben auch zum Beweisthema gehören, denn nur soweit werden sie von der Wahrheitspflicht umfasst.

Das Beweisthema ergibt sich im Zivilprozess aus dem gerichtlichen Beweisbeschluss (§§ 358, 359 ZPO). Die Wahrheitspflicht erstreckt sich aber auch auf solche Tatsachen, die der Zeuge außerhalb des durch den Beweisbeschluss festgelegten Beweisthemas auf Fragen des Gerichts oder anderer Verfahrensbeteiligter bekundet.

**Bsp.:** *Kind K klagt gegen V auf Feststellung der Vaterschaft. Um die Vaterschaftsvermutung zu entkräften, trägt V vor, dass auch X während der Empfängniszeit der Kindesmutter M beigewohnt habe, und benennt M als Zeugin. M verneint die Frage wahrheitsgemäß, verschweigt aber, dass sie in dieser Zeit mit Y geschlechtlich verkehrt hat. Hierin liegt keine konkludente Falschaussage, weil das Verschwiegene außerhalb des Vernehmungsgegenstandes liegt, denn M ist nur nach ihren Beziehungen zu X gefragt worden. Anders wäre es, wenn der Richter sie gefragt hätte, ob sie mit anderen Männern verkehrt habe.*

Im Strafverfahren wird der Zeuge formlos mit dem Gegenstand seiner Vernehmung vertraut gemacht (§69 Abs. 1 StPO). Hier werden von der Wahrheits- und Aussagepflicht alle Tatsachen umfasst, die mit der gesamten Tat i.S.d. § 264 StPO zusammenhängen können. Auch hier kann die Wahrheitspflicht durch Fragen des Gerichts oder anderer Verfahrensbeteiligter erweitert werden.

Die Wahrheitspflicht gebietet es auch, das gesamte Wissen zum jeweiligen Beweisthema mitzuteilen. Eine Aussage ist daher auch dann falsch, wenn sie unvollständig bleibt, der Zeuge also Angaben verschweigt.

**Bsp.:** *Der Sachverständige S erklärt in seiner Anhörung vor Gericht, die vom Unternehmer U ausgeführten Arbeiten entsprächen dem Stand der Technik. Tatsächlich hat der U – was S bekannt ist – mangelhaft gearbeitet. - Bei Sachverständigen gehören zum Gegenstand der Aussage nicht nur äußere und innere Tatsachen, sondern auch Werturteile. Wenn S hier entgegen seiner Kenntnis eine falsche Wertung darüber abgibt, ob der Stand der Technik eingehalten worden ist, so liegt eine falsche Aussage vor.*

Bei den Aussagedelikten **scheidet** sowohl **Mittäterschaft** als auch **die mittelbare Täterschaft aus**, da es sich um **eigenhändige Delikte** handelt. Die Strafbarkeitslücke wird durch § 160 geschlossen.

## Die falsche uneidliche Aussage § 153

### Prüfungsschema zu § 153

**A. Tatbestand**
**I. objektiver Tatbestand**
**1. Tatort : vor Gericht oder einer anderen zur eidlichen Vernehmung von Zeugen und Sachverständigen zuständigen Stelle**
**2. Täter: Zeuge oder Sachverständiger**
**3. Tathandlung: uneidlich falsch aussagen**
**II. subjektiver Tatbestand : Vorsatz**
**B. Rechtswidrigkeit**
**C. Schuld**

### Tatort

### Vor Gericht oder einer anderen zur eidlichen Vernehmung zuständigen Stelle

Die Aussage muss vor einem Gericht oder einer anderen zur eidlichen Vernehmung zuständigen Stelle erfolgen.

Unter **Gericht** versteht man **jede staatliche Stelle, die Aufgaben der Rechtspflege wahrnimmt**

Diese Stelle muss **innerhalb ihrer Zuständigkeit** gehandelt haben und **zur eidlichen Vernehmung zuständig sein.**

***Bsp.:*** *Der Z wird von der Polizei als Zeuge vernommen in einem Strafverfahren gegen den X. Um ihn zu schützen, macht der Z falsche Angaben. - Hier hat der Z zwar falsch ausgesagt, aber nicht vor einer "anderen zur eidlichen Vernehmung zuständigen Stelle" (vgl. § 11a Abs.1 StPO). § 153 ist daher nicht einschlägig.*

Nicht tatbestandsmäßig sind falsche Aussagen vor der Staatsanwaltschaft und der Polizei, da diese nicht zur eidlichen Vernehmung von Zeugen oder Sachverständigen zuständig sind (§§ 161a I S. 3, 163a V StPO).

### Täter: Zeuge oder Sachverständiger

Falsch aussagen kann nur ein Zeuge oder Sachverständiger, **nicht aber eine Partei eines Zivilprozesses** oder **ein Beschuldigter eines Strafverfahrens**.

***Bsp.:*** *X führt einen Prozess gegen B wegen der Rückzahlung eines Darlehens. B beruft sich wahrheitswidrig darauf, den Betrag zurückgezahlt zu haben. Daraufhin wird Z zu dieser Frage als Zeuge uneidlich vernommen und bestätigt die Angaben des B. B wird außerdem als Partei zum gleichen Beweisthema vernommen. - Z ist hier als Zeuge vernommen worden und macht zu dem Beweisthema falsche Angaben. Z ist strafbar nach § 153. Dagegen erfüllt der B die Voraussetzungen des § 153 nicht, da er als Partei vernommen worden ist.*

***Weiteres Bsp.:*** *Als die Sache herauskommt, wird gegen Z ein Strafverfahren eröffnet. Hier wird B als Zeuge vernommen und erklärt erneut, er habe die Schuld bei A beglichen. - Im Strafverfahren tritt B als Zeuge auf; hier kann er also den Tatbestand des § 153 verwirklichen.*

Unerheblich für die Anwendbarkeit des § 153 ist, ob eine korrekte Belehrung erfolgt ist.

## Tathandlung: uneidlich falsch aussagen

Vollendet ist die Tat erst mit dem Abschluss der Aussage, nicht also zu Beginn. Eine Aussage ist abgeschlossen, wenn der Aussagende nichts mehr bekunden und keiner der Verfahrensbeteiligten mehr Fragen an ihn stellen will.

**Da der Versuch des § 153 StGB nicht strafbar ist, ist die Entscheidung, ob die Aussage bereits abgeschlossen war, dann von maßgeblicher Bedeutung, wenn der Täter seine Angaben noch korrigiert**

Ist der Zeuge bereits **vom Gericht entlassen** worden, ist die Aussage abgeschlossen.

***Bsp.:*** *Z ist als Zeuge im Strafverfahren gegen X vernommen worden und hat ausgesagt, X sei zur Tatzeit bei ihm gewesen. Er wurde vom Gericht entlassen. Nun kommen ihm Bedenken. Er geht zurück und erzählt dem Richter die Wahrheit, bevor dieser das Urteil verkündet hat.*

Andererseits ist die Aussage immer dann **noch nicht abgeschlossen**, wenn die **Vernehmung noch nicht beendet** wurde.

***Bsp.:*** *Z macht als Zeuge in einem Strafverfahren unwahre Angaben. Nachdem der Richter ihn noch einmal ermahnt und auf Widersprüche zu den Aussagen anderer Zeugen aufmerksam macht, berichtigt Z seine Angaben und schildert den tatsächlichen Verlauf der Tat. - Vollendung liegt erst mit Abschluss der Vernehmung vor. Dies ist erst dann der Fall, wenn das Gericht deutlich macht, dass keine weiteren Fragen gestellt werden sollen. Hier dauerte die Vernehmung des Z noch an, als dieser seine Angeben berichtigte. Die Aussage ist also noch nicht abgeschlossen und konnte berichtigt werden, ohne dass der Z sich strafbar gemacht hat, denn ein Versuch des § 153 ist nicht strafbar.*

Auf eine **zeitliche Unterbrechung** der Vernehmung kommt es dabei nicht an. Vielmehr entscheidet, ob die Vernehmung noch fortgesetzt werden sollte.

***Bsp.:*** *Z wird als Zeuge vernommen und macht unwahre Angaben. Seine Aussage wird unterbrochen, da das Gericht erst noch eine andere Akte beschaffen muss, um weitere Fragen zu stellen. Bevor Z seine Aussage fortsetzen muss, bekommt er Angst und berichtigt seine Angaben. - Die Aussage des Z war noch nicht abgeschlossen, sondern sollte noch fortgesetzt werden. Es lag daher keine Vollendung vor (nur strafloser Versuch).*

Ist die jeweilige **Instanz des Prozesses** jedoch **abgeschlossen**, ist die Aussage vollendet, selbst wenn bei ihrer Unterbrechung im Prozess eine Fortsetzung vorgesehen war, zu der es aber nicht mehr kam.

***Bsp.:*** *Z wird in einem Zivilprozess als Zeuge vernommen und macht unwahre Angaben. Seine Aussage wird unterbrochen, da das Gericht erst noch eine andere Akte beschaffen will. Z wird angekündigt, dass er zu einem späteren Termin noch einmal geladen werde. Später einigen sich die Parteien über den Punkt, zu dem der Z ausgesagt hat und das Gericht verkündet ein Urteil - Die Instanz wurde durch das Urteil des Gerichts abgeschlossen; dadurch ist Vollendung der Falschaussage eingetreten.*

**Subjektiv** ist mindestens **bedingter Vorsatz** erforderlich, die **fahrlässige uneidliche Falschaussage** ist nicht strafbar.

# Meineid § 154

## Prüfungsschema zu § 154

**A. Tatbestand**

**I. objektiver Tatbestand**

**1.Tatort: vor Gericht oder einer anderen zur Abnahme von Eiden zuständigen Stelle**

**2. Täter: jede vereidigte Person**

**3. Tathandlung: falsch schwören = unter Eid falsch aussagen**

**II. subjektiver Tatbestand : Vorsatz**

**D. B. Rechtswidrigkeit**

**E. C. Schuld**

**Täter** des Meineides kann jede Person sein, die das Wesen einer Aussage und eines Eides versteht.

Der **Beschuldigte im Strafverfahren** scheidet aus, da er nach der StPO nicht vereidigt werden kann. Anders als bei § 153 kann eine **Partei im Zivilprozess** einen Meineid begehen, da auch diese vereidigt werden kann.

Die wesentlichen Förmlichkeiten müssen beachtet worden sein.

Der **Versuch des Meineids** ist im Unterschied zur uneidlichen Falschaussage **strafbar**, da es sich um ein **Verbrechen** handelt.

Beim Versuch ist zwischen dem **Voreid** und dem **Nacheid** zu unterscheiden.

Ein **Voreid** ist gegeben, wenn erst der Eid geleistet wird und dann die Aussage gemacht wird. Dort liegt der **Versuchsbeginn** beim **Anfang der Aussage**.

Ein **Nacheid** ist gegeben, wenn die Vereidigung erst nach dem Abschluss der Aussage erfolgt. In diesem Fall **beginnt der Versuch** des Meineides erst **mit der Eidesleistung**.

***Bsp.:*** *Z wird als Zeuge in einem Strafverfahren vernommen, in dem sein Freund F auf der Anklagebank sitzt. Der Richter belehrt ihn und kündigt an, er werde nach seiner Aussage vereidigt. Um F zu schützen, gibt Z wahrheitswidrig an, F sei zum Tatzeitpunkt mit ihm zusammen gewesen. Nachdem der Staatsanwalt mit einigen Fragen nachhakt, wird Z unsicher. Der Staatsanwalt ermahnt den Z noch einmal eindringlich, die Wahrheit zu sagen. Daraufhin berichtigt Z seine bisherigen Angaben und gibt die Wahrheit zu. - Hier hat Z ursprünglich falsch ausgesagt; er ist aber noch nicht vereidigt worden. Beim Nacheid beginnt das Versuchsstadium erst mit der Eidesleistung, die bisher noch nicht erfolgt ist. §§ 154,22 sind daher nicht erfüllt.*

Für die **Vollendung** gelten die bei § 153 erörterten Grundsätze grundsätzlich in gleicher Weise. Dies gilt uneingeschränkt für den Voreid. Beim Nacheid liegt Vollendung erst vor, wenn die Eidesleistung erfolgt ist.

Meineid ist ein **eigenhändiges Delikt** und kann **nicht in mittelbarer Täterschaft** begangen werden.

# Falsche Versicherung an Eides statt § 156

## Prüfungsschema zu § 156

**A. Tatbestand**
- **I. objektiver Tatbestand**
  - **1. Tatort : zur Abnahme einer Versicherung an Eides statt zuständigen Stelle**
  - **2. Tathandlung: eine falsche Versicherung abgibt oder unter Berufung darauf falsch aussagt**
- **II. subjektiver Tatbestand : Vorsatz**

**B. Rechtswidrigkeit**

**C. Schuld**

Die **zuständige Stelle**, durch die eine eidesstattliche Versicherung abgenommen wird, muss dazu in dem **jeweiligen Verfahren zuständig** sein.

***Bsp.:*** *A hat große Schulden und wird zur Abgabe der eidesstattlichen Versicherung zum Amtsgericht vorgeladen. Dort gibt er in den Fragebögen wahrheitswidrig an, keinerlei Vermögenswerte zu haben und unterzeichnet vor dem zuständigen Rechtspfleger die entsprechende eidesstattliche Versicherung. - Hier macht A die Angaben vor dem zuständigen Rechtspfleger, der zur Abnahme der eidesstattlichen Versicherung zuständig ist (§§ 807 ZPO, 20 Nr. 17 RPflG).*

Zur Zuständigkeit einer Behörde im Sinn des § 156 StGB gehört aber nicht nur die allgemeine Zuständigkeit für die Abnahme eidesstattlicher Versicherungen, sondern darüber hinaus, dass die betreffende Versicherung über den Gegenstand, auf den sie sich bezieht, und in dem Verfahren, um das es sich handelt, abgegeben werden darf und rechtlich nicht völlig wirkungslos ist. Die Versicherung darf also nicht rechtlich völlig wirkungslos sein, sondern muss geeignet sein, die Entscheidung zu beeinflussen. Dies ist aber z.B. dann nicht mehr der Fall, wenn ein Verfahren der einstweiligen Verfügung bereits vor Eingang der eidesstattlichen Versicherung abgeschlossen war.

Eine eidesstattliche Versicherung **gibt ab**, wer mündlich oder schriftlich persönlich eindeutig erklärt, die Wahrheit einer Aussage werde versichert und diese Versicherung werde an Stelle eines Eides abgegeben. Die Wortwahl ist dabei gleichgültig. Eine schriftliche Erklärung ist nur dann abgegeben, wenn sie dem Erklärungsempfänger zugegangen ist.

Eine falsche eidesstattliche Versicherung liegt nicht nur vor, wenn die **Angaben unvollständig** sind, sondern auch bei **sonstiger Unrichtigkeit**.

***Bsp.:*** *B wird zur eidesstattlichen Versicherung geladen. Wahrheitswidrig gibt er an, ein großes Grundstück im Ausland stehe in seinem Eigentum. - Die eidesstattliche Versicherung soll dazu dienen, die Vermögensgegenstände beim Schuldner aufzulisten und so herauszufinden, ob noch Vermögensmasse zur Vollstreckung besteht. Der Normalfall einer falschen uneidlichen Versicherung liegt daher darin, dass der Schuldner vorhandenes Vermögen nicht angibt, um Vollstreckungsmaßnahmen zu verhindern. Hier gibt B mehr Vermögen an, als er tatsächlich hat. Die Vorschrift des § 156 soll die Gläubiger aber auch davor schützen, unnötige und kostenträchtige Vollstreckungsversuche zu unternehmen.*

## Fahrlässige Begehungsweise § 163

Der **fahrlässige Falscheid** und die **fahrlässige eidesstattliche Versicherung** sind **strafbar gem. § 163**. Die **fahrlässige uneidliche Falschaussage** ist dagegen **nicht strafbar**.

**Fahrlässigkeit** ist dann gegeben, wenn der Täter die Unrichtigkeit seiner Aussage zwar nicht erkennt, aber bei Anwendung der notwendigen Sorgfalt in der Lage gewesen wäre, diese Unrichtigkeit zu erkennen.

## Berichtigung der Aussage § 158

§ 158 ist bei allen vorsätzlichen Aussagedelikten anwendbar und greift den **Gedanken der tätigen Reue** auf, indem für die rechtzeitige Berichtigung Strafmilderung oder Straffreiheit in Aussicht gestellt wird. Es wird so ausnahmsweise die **Möglichkeit des Rücktritts vom vollendeten Delikt** ermöglicht. Dabei wird hier – anders als bei § 24 – **keine Freiwilligkeit** gefordert. Über § 163 Abs.2 wirkt sich die Berichtigung auch auf fahrlässige Taten aus.

## Voraussetzungen des § 158

1. **Der Täter muss die falsche Aussage durch eine richtige Aussage ersetzen**
2. **Berichtigung erfolgt vor der richtigen Stelle**
3. **die Berichtigung erfolgt rechtzeitig**

Der Täter muss die **falsche Aussage durch eine richtige Aussage ersetzen**. Dazu genügt es nicht, die falsche Aussage schlicht zu widerrufen, sondern es muss eine neue, nunmehr richtige Aussage erfolgen.

Die Berichtigung erfolgt **vor der richtigen Stelle**, wenn sie dort, wo die falsche Angabe erfolgte oder an der Stelle, die die Angaben zu prüfen hat, angebracht wird.

***Bsp.:*** *Gericht, Staatsanwaltschaft, Polizei etc.*

**Rechtzeitig** erfolgt die Berichtigung, wenn **sie bei der Entscheidung noch verwertet werden kann**. § 158 Abs.2 regelt die Frage der Rechtzeitigkeit dahingehend, dass ausdrücklich drei Fälle aufgezählt werden, in denen die Rechtzeitigkeit fehlt. Damit sie gewahrt ist bedarf es jedenfalls der Verwertung in der jeweiligen Instanz des Prozesses.

## Rechtsfolge

Das Gericht kann eine Strafmilderung aussprechen oder von Strafe absehen. Bei den **Fahrlässigkeitsdelikten** führt die rechtzeitige Berichtigung zur **Straffreiheit** nach § 163 Abs.2 S.1.

## Aussagenotstand § 157

### Voraussetzungen des § 157

§ 157 setzt voraus

**1. dass sich der Täter eines Meineids oder einer falschen uneidlichen Aussage strafbar gemacht hat**
**2. dass von sich selbst oder von einem Angehörigen die Gefahr einer Bestrafung abwenden wollte.**

§ 157 Abs.1 knüpft an den Begriff des Angehörigen an, wie er in § 11 Abs.1 Nr.1 definiert ist. Die Partner einer nichtehelichen Lebensgemeinschaft gelten danach - anders als Verlobte oder Ehegatten - nicht als Angehörige (OLG Celle NJW 1998, 1577).

### Rechtsfolge des § 157:

Nach Ermessen des Gerichts kommt es zu einer Strafmilderung und im Falle der bloßen Falschaussage ist auch völliges Absehen von Strafe möglich.

## Versuch der Anstiftung zur Falschaussage § 159

Nach dieser Vorschrift wird bereits die versuchte Anstiftung zu den §§ 153, 156 unter Strafe gestellt, die sonst nach den allgemeinen Vorschriften (§ 30) nicht strafbar wäre, da § 30 nur die versuchte Anstiftung zu einem Verbrechen der Strafbarkeit unterwirft.

**Das Bestimmen** des Angestifteten muss **fehlgeschlagen** sein. § 159 kommt nur zur Anwendung, wenn es **keine erfolgreiche Anstiftung** gegeben hat. Warum die Anstiftung fehlgeschlagen ist, ist unerheblich.

***Bsp.:*** *X bittet Z, für ihn uneidlich falsch auszusagen. Z sagt in der Gerichtsverhandlung entsprechend aus. - Hier hat der Z den Tatbestand des § 153 verwirklicht. Zu dieser Tat hat ihn der X angestiftet, der nach den allgemeinen Regeln gem. §§ 153, 26 wegen Anstiftung strafbar ist.*

***Gegenbsp.***: *A braucht einen Alibizeugen und bittet Z, uneidlich auszusagen, A sei am Tattage bei Z gewesen. Z lehnt diese Bitte ab. - Da es nicht zu einer Aussage des Z gekommen ist, scheidet Anstiftung zu § 153 aus. Es liegt jedoch eine versuchte Anstiftung nach § 159 vor.*

***Weiteres Bsp.:*** *Wie vor, aber Z erklärt sich bereit und wird zum Gerichtstermin geladen. Allerdings wird dann auf seine Vernehmung verzichtet. - Auch hier kommt es nicht zur falschen Aussage. Das Bestimmen durch den A hat nicht zu einer vollendeten oder versuchten Falschaussage geführt. Daher liegt nur der Versuch der Anstiftung zur Falschaussage vor.*

***Weiteres Bsp.:*** *Gegen B läuft ein Strafverfahren, von dem er seinem Freund F erzählt. F entschließt sich, dem B mit einer falschen uneidlichen Aussage ein Alibi zu verschaffen. Einige Tage später bittet B den Z, ihm mit einem falschen Alibi aus der Klemme zu helfen. - Hier war der F bereits entschlossen, falsch auszusagen, bevor der B mit seiner Bitte an ihn herangetreten ist. Auch in diesem Fall schlägt das Bestimmen des B fehl. Auch wenn es zur falschen Aussage des Z kommt, liegt keine Anstiftung vor, sondern nur ein Versuch nach § 159.*

***Weiteres Bsp.:*** *Im Strafverfahren gegen D kommt es darauf an, ob D an einem bestimmten Tag in Berlin war. D wendet sich an seinen Geschäftsfreund G in Berlin, den er im fraglichen Zeitraum mehrfach in Berlin besucht hat und bittet, zu bestätigen, dass beide sich auch am fraglichen Tage getroffen haben. Dies sagt G dann im Prozess uneidlich aus, wobei G allerdings glaubt, dies entspreche der Wahrheit. - Hier liegt eine objektiv falsche Aussage vor, da D am fraglichen Tag nicht in Berlin bei G war. Allerdings macht sich G nicht gem. § 153 strafbar, da er gutgläubig gehandelt hat. Das Bestimmen des D hat daher nicht zum gewünschten Erfolg – der Tat nach § 153 – geführt. Es liegt daher eine versuchte Anstiftung gem. § 159 vor.*

Der Täter des § 159 muss den vollen **Anstiftervorsatz** haben. Er muss also davon ausgehen, dass der Angestiftete eine vorsätzliche Falschaussage verwirklicht. Geht er dagegen davon aus, der Angestiftete handele gutgläubig, so scheidet § 159 aus.

***Bsp.:*** *A braucht einen Alibizeugen und wendet sich an Z, mit dem er häufiger seine Freizeit verbringt. Als die Rede auf den Tattag kommt, merkt A, dass Z sich die Daten der gemeinsam verbrachten Tage nicht genau gemerkt hat. Er macht den Z glauben, dass beide auch am fraglichen Tage zusammen gewesen sind. Dies sagt Z dann im Prozess uneidlich aus. - Hier hat sich Z nicht strafbar nach § 153 gemacht, da er gutgläubig gehandelte. Es lag aber auch kein Bestimmen durch A vor, da dieser den Z nicht zu einer vorsätzlichen Falschaussage veranlassen wollte. Denn A hat entdeckt, dass Z die Zusammenhänge nicht richtig erkannt hat und seinerseits gutgläubig falsch ausgesagt hat. A fehlte also der volle Anstiftervorsatz. Es liegt daher hier kein Versuch der Anstiftung gem. § 159 vor.*

## Verleiten zur Falschaussage § 160

Da bei den Aussagedelikten als eigenhändige Delikte mittelbare Täterschaft ausscheidet, entsteht in diesen Fällen eine **Strafbarkeitslücke,** die durch § 160 geschlossen wird.

**Objektive Voraussetzung** ist zunächst, dass der Aussagende objektiv den Tatbestand des § 153, § 154 oder § 156 verwirklicht hat.

**Voraussetzung** ist weiterhin das

**Verleiten zu einer falschen Aussage**

**Verleiten** bedeutet

**die Einwirkung auf einen anderen,**

**eine bestimmte Aussage zu machen.**

Zur Ableistung verleitet folglich, wer den Willen des anderen (z.B. durch Täuschung oder Drohung) beeinflusst.

Verleiten zur Falschaussage setzt ferner grundsätzlich die **Gutgläubigkeit des Aussagenden** voraus. Der Aussagende muss also im Rahmen des §§ 153 ff. tatbestandsmäßig und rechtswidrig, aber nicht schuldhaft handeln.

***Bsp.:*** *A braucht einen Alibizeugen und wendet sich an Z, mit dem er häufiger seine Freizeit verbringt. Als die Rede auf den Tattag kommt, merkt A, dass Z sich die Daten der gemeinsam verbrachten Tage nicht genau gemerkt hat. Er macht den Z glauben, dass beide auch am fraglichen Tage zusammen gewesen sind. Dies sagt Z dann im Prozess uneidlich aus - Hier handelte Z gutgläubig, und dies war auch dem A bekannt. § 160 ist gegeben.*

Strittig ist die Behandlung der Fälle, in denen der **Aussagende in Wirklichkeit vorsätzlich handelt**, während der Verleitende glaubt, die Aussage werde unvorsätzlich gemacht.

***Bsp.:*** *B braucht einen Alibizeugen und wendet sich an Y, mit dem er häufiger seine Freizeit verbringt. B täuscht Y vor, man sei am Tattag gemeinsam im Kino gewesen; Y solle dies vor Gericht bestätigen. Y durchschaut die Sache, sagt aber dennoch vor Gericht so aus und entlastet den B. - Hier handelte Y mit Vorsatz, während B von dessen Gutgläubigkeit ausgegangen ist.*

Die wohl h.L. und die Rechtsprechung nehmen bei einem vorsätzlichen Handeln des Verleiteten eine vollendete Verleitung zum Falscheid an.

Eine Gegensansicht meint, es liege eine (strafbare) versuchte Verleitung vor, da der Verleitete mehr tue, als er tun solle, indem er vorsätzlich statt gutgläubig falsch aussage.

## Wiederholungsfragen zu den Aussagedelikten

| | |
|---|---|
| 1. Wann ist eine Aussage falsch? | Die Aussage ist dann falsch, wenn sie mit der Wirklichkeit nicht übereinstimmt (sog. objektive Theorie). |
| 2. Was sind innere Tatsachen? | Innere Tatsachen sind Überzeugungen, Wahrnehmungen oder Erinnerungen. |
| 3. Kann auch ein Angeklagter sich eines Aussagedeliktes strafbar machen? | Falsch aussagen kann nur ein Zeuge oder Sachverständiger, nicht aber eine Partei eines Zivilprozesses oder ein Beschuldigter eines Strafverfahrens. |
| 4. Wann ist eine falsche uneidliche Aussage vollendet? | Vollendet ist die Tat nicht schon zu Beginn, sondern erst mit dem Abschluss der Aussage. Eine Aussage ist abgeschlossen, wenn der Aussagende nichts mehr bekunden und keiner der Verfahrensbeteiligten mehr Fragen an ihn stellen will. |
| 5. Was versteht man unter einem Nacheid? | Ein Nacheid ist gegeben, wenn die Vereidigung erst nach dem Abschluss der Aussage erfolgt. In diesem Fall beginnt der Versuch des Meineides erst mit der Eidesleistung. |
| 6. Wann beginnt der Versuch bei einem Voreid? | Voreid ist gegeben, wenn erst der Eid geleistet wird und dann die Aussage gemacht wird. Dann liegt der Versuchsbeginn beim Anfang der Aussage. |
| 7. Kann Meineid in mittelbarer Täterschaft begangen werden? | Meineid ist ein eigenhändiges Delikt und kann nicht in mittelbarer Täterschaft begangen werden. |
| 8. Welchen Fall regelt § 159? | Diese Norm erfasst die fehlgeschlagene Anstiftung zu den Vergehen der §§ 153, 156, die nach der allgemeinen Vorschrift des § 30 nicht strafbar wäre. |
| 9. Ist bei den Aussagedelikten Mittäterschaft möglich? | Nein, denn bei den Aussagedelikten handelt es sich um eigenhändige Delikte. |
| 10. Ist bei den Aussagedelikten mittelbare Täterschaft möglich? | Bei eigenhändigen Delikten scheidet mittelbare Täterschaft aus. Die dadurch auftretende Strafbarkeitslücke schließt § 160. |
| 11. Ist bei den Aussagedelikten der Versuch strafbar? | Der Versuch des Meineides ist im Unterschied zur uneidlichen Falschaussage strafbar. |

# 7. Kapitel
# Strafvereitelung § 258 und Begünstigung § 257

## Strafvereitelung § 258

### Prüfungsschema zu § 258 Abs.1

**A. Tatbestand**
**I. objektiver Tatbestand**
**1. Vortat**
**a) rechtswidrige Vortat**
**b) eines anderen**
**2. Tathandlungen: Vereiteln der Bestrafung**
**II. subjektiver Tatbestand**
**1. Vorsatz**
**2. Absicht der Strafvereitelung.**
**B. Rechtswidrigkeit**
**C. Schuld**

Die Strafvereitelung gem. § 258 schützt den staatlichen Strafanspruch hinsichtlich der ordnungsgemäßen Verhängung der Strafe (**Verfolgungsvereitelung,** § 258 Abs.1) als auch – nach dem Vorliegen einer rechtskräftigen Verurteilung - deren Durchsetzung in der Vollstreckung (**Vollstreckungsvereitelung,** § 258 Abs.2).

## Vortat

Erste Voraussetzung des objektiven Tatbestandes ist, dass eine **Vortat** eines anderen vorliegt. Es muss also

- **eine Straftat vorliegen,**
- **bei der ein anderer**
- **sich auch strafbar gemacht hat.**

**Prüfen Sie in der Klausur sehr sorgfältig die Vortat.**
**Dies sollte nicht im Rahmen der Strafbarkeitsprüfung zu § 258 erfolgen, sondern vorher gesondert bei der Prüfung der Strafbarkeit des Vortäters (des "anderen" iSd § 258).**

Es müssen alle Voraussetzungen der jeweiligen Sanktion vorliegen. Keine Probleme bestehen, wenn die **Vortat eine Straftat** gewesen ist und vom Vortäter rechtswidrig und schuldhaft begangen worden ist. Eine Ordnungswidrigkeit reicht als Vortat nicht aus.

Handelte der Vortäter bei der Straftat **gerechtfertigt oder entschuldigt**, so scheidet § 258 aus. Das gleiche gilt, wenn eine für die Vortat erforderliche objektive Bedingung der Strafbarkeit oder ein Strafantrag fehlt.

Liegt keine Vortat vor, glaubt aber der Täter irrig, es sei eine Straftat gegeben, so kommt nur der **Versuch des § 258** zur Anwendung.

Es muss sich immer um die **Vortat eines anderen** handeln. Geht es dem Vereiteler lediglich darum, seine eigene Bestrafung wegen einer eigenen Vortat zu vereiteln, so liegt § 258 Abs.1 schon **tatbestandlich** nicht vor.

## Verfolgungsvereitelung § 258 Abs.1

**Tathandlung** ist das **Vereiteln der Bestrafung**.

Die **Verfolgungsvereitelung** (§ 258 Abs.1) ist ein Erfolgsdelikt. Der Vereitelungserfolg ist dann erreicht, wenn ein anderer hinsichtlich seiner Strafverfolgung günstiger gestellt wird und dadurch die Durchsetzbarkeit des staatlichen Strafanspruchs mehr als nur unerheblich beeinträchtigt wird.

***Bsp.:*** *Der A verhilft dem Bankräuber B zur Flucht nach Südamerika. Von dort kommt B erst zurück, nachdem die Tat verjährt ist.*

Dabei ist es nicht erforderlich, dass die Bestrafung des Vortäters endgültig verhindert wird. Es reicht eine erhebliche zeitliche Verzögerung der Bestrafung.

***Bsp.:*** *Der D versteckt den Einbrecher E auf der Flucht vor der Polizei. Dem E gelingt es so, mehrere Wochen unterzutauchen. Schließlich wird er aber doch gefasst und verurteilt. - Hier wird der E lediglich für einige Wochen vor der Verurteilung geschützt, nicht aber endgültig. Eine erhebliche zeitliche Verzögerung der Bestrafung reicht aber für § 258 aus. Die Rechtsprechung hat für die Vollendung der Verfolgungsvereitelung bereits einen Verzögerungszeitraum von 14 Tagen ausreichen lassen.*

Neben der zeitlichen Verzögerung muss immer die **konkrete Kausalität** zwischen der **Vereitelungshandlung und dem Vereitelungserfolg** festgestellt werden.

***Bsp.:*** *A hat am 22.8. einen Bankraub begangen. Am 27.8. wendet er sich an B, ihm bei der Flucht zu helfen. B versteckt ihn für 3 Wochen. Erst am 20.9.fällt der Verdacht der Polizei auf A und die Fahndung gegen ihn wird eingeleitet. Am 12.10. wird A gefasst. - Zwar hat B den A für 3 Wochen versteckt. Da aber zu dieser Zeit die Fahndung gegen A noch gar nicht eingeleitet war, hatte dieses Verhalten des B gar keine Auswirkung auf die Verfolgung durch die Polizei und die spätere Festnahme. Es fehlt also an der konkreten Kausalität zwischen der Vereitelungshandlung und dem Vereitelungserfolg. § 258 liegt nicht vor.*

Eine Verfolgungsvereitelung kann auch dann vorliegen, wenn der Vortäter wegen eines **geringeren Deliktes** bestraft wird.

***Bsp.:*** *Aufgrund der falschen Aussage des F wird der G nicht wegen Mordes, sondern lediglich wegen Körperverletzung mit Todesfolge verurteilt.*

Verfahrensrechtlich zulässiges **Verhalten des Strafverteidigers** erfüllt nicht den objektiven Tatbestand der Strafvereitelung.

Die Möglichkeit einer wirksamen Verteidigung auf der Grundlage des Verfahrensrechts ist notwendiger Bestandteil eines rechtsstaatlichen Strafverfahrens. Dies wäre ernsthaft gefährdet, wenn der Verteidiger wegen einer üblichen und prozessual zulässigen Verteidigungstätigkeit selbst strafrechtlich verfolgt würde. Soweit ein Strafverteidiger prozessual zulässig handelt, ist sein Verhalten nach der Rechtsprechung des Bundesgerichtshofs schon nicht tatbestandsmäßig im Sinne des § 258 StGB und nicht erst rechtfertigend. § 258 StGB verweist dabei auf die Regelungen des Prozessrechts. Bei dessen Auslegung kann zusätzlich auch das anwaltliche Standesrecht heranzuziehen sein. Standesrechtlich zulässiges Verhalten wird in der Regel prozessual nicht zu beanstanden sein. Allerdings führt standesrechtlich unzulässiges Verhalten nicht ohne weiteres zur Strafbarkeit.

Dabei sind die in der Strafprozessordnung enthaltenen Regeln für die Strafverteidigung einzuhalten wie z.B. das Verbot der Mehrfachverteidgung in § 146 StPO. § 146 StPO verbietet es allerdings nicht, dass sich die Verteidiger mehrerer derselben Tat Beschuldigter untereinander besprechen und ihr Vorgehen miteinander abstimmen.

Folglich darf der Verteidiger grundsätzlich alles tun, was in gesetzlich nicht zu beanstandender Weise seinem Mandanten nützt. Dabei muss er sein Vorgehen auf verfahrensrechtlich erlaubte Mittel beschränken und sich weiterhin jeder bewussten Verdunkelung des Sachverhalts und jeder sachwidrigen Erschwerung der Strafverfolgung enthalten. Ihm ist es insbesondere untersagt, durch aktive Verdunkelung und Verzerrung des Sachverhalts die Wahrheitserforschung zu erschweren, insbesondere Beweisquellen zu verfälschen. Jedoch darf der Verteidiger solche Tatsachen und Beweismittel einführen, die einen von ihm lediglich für möglich gehaltenen Sachverhalt belegen können.

Bei Zeugenaussagen darf der Verteidiger nicht wissentlich falsche Tatsachen behaupten und hierfür Zeugen benennen. Er ist verpflichtet, darauf zu achten, dass er nicht Zeugen benennt, von denen er erkennt, dass sie falsch aussagen werden. Auch darf er einen Zeugen nicht absichtlich in einer vorsätzlichen Falschaussage bestärken. Er kann eigene Ermittlungen führen und insbesondere Zeugen auch außerhalb der Hauptverhandlung befragen. Hat er lediglich Zweifel an der Richtigkeit einer Zeugenaussage, die seinen Mandanten entlasten könnte, so ist es ihm nicht verwehrt, den Zeugen zu benennen; er wird dazu regelmäßig sogar verpflichtet sein. Andernfalls würde er in Kauf nehmen, ein möglicherweise zuverlässiges, entlastendes Beweismittel zu unterdrücken.

Unzulässig sind jedoch Vorgehensweisen, die zu einer "Trübung der Beweisquelle" führen würden.

> ***Bsp.:*** *Rechtsanwalt A verteidigt den X, der wegen Einbruchs angeklagt ist. A verspricht dem Zeugen Z, der den X bei seiner Tat beobachtet hat, 5.000 € Belohnung, wenn Z sich in der Hauptverhandlung nicht mehr genau an den Vorfall erinnere und den X nicht belaste. Z richtet seine Aussage entsprechend ein, so dass der X freigesprochen wird.*

Ein Verteidigerhandeln ist dann nicht mehr zulässig, wenn der Verteidiger darauf hinwirkt, dass einem Zeugen für ein bestimmtes Aussageverhalten die Zahlung eines Geldbetrages versprochen wird, ohne dass dafür sonst eine Anspruchsgrundlage gegeben ist. Der objektive Tatbestand der Strafvereitelung ist daher gegeben.

Aber auch wenn für das Zahlungsversprechen eine unabhängig von der Vereinbarung bestehende Anspruchsgrundlage besteht (wie z.B. Schadensersatz- und Schmerzensgeldansprüche), können die Grenzen zulässigen Verteidigerhandelns überschritten sein. Das gilt namentlich dann, wenn das Zahlungsversprechen durch den "Erfolg" der Aussage bedingt ist oder wenn es sich aufdrängt, dass die versprochene Aussage falsch sein muss. Allerdings sind an die Vereitelungsabsicht bei einem Verteidigerhandeln erhöhte Beweisanforderungen zu stellen (BGH NJW 2000, 2433-2436).

> ***Bsp.:*** *Rechtsanwalt A verteidigt den Y, der wegen Körperverletzung angeklagt ist. A schließt mit dem Opfer O eine Vereinbarung über eine Schmerzensgeldzahlung von 5.000 €, in der die Zahlung davon abhängig gemacht wird, dass der Y freigesprochen wird. O muss sich außerdem verpflichten, dem Gericht keine Angaben über diese Vereinbarung zu machen. Y wird freigesprochen.*

Eine **Strafbarkeit durch Unterlassen** setzt voraus, dass der Unterlassende eine Garantenpflicht hat, also "rechtlich dafür einzustehen hat, dass der Erfolg nicht eintritt" (§ 13 Abs.1). Dies ist z.B. gegeben, wenn ein Polizist keine Nachforschungen bzgl. des Sachverhaltes anstellt, obwohl er dazu verpflichtet wäre (§ 163 Abs.1 StPO). Umstritten ist, ob dies auch für außerhalb des Dienstes erlangte Kenntnisse gilt. Nach h.M. bedarf es in diesen Fällen der Abwägung im Einzelfall, ob das öffentliche Interesse privaten Belangen vorgeht.

Außerhalb des Bereiches, der dem Amtsträger der Strafverfolgung zugewiesen ist, besteht jedoch für Beamte keine allgemeine Pflicht, ihnen bekannte Straftaten anzuzeigen. Daher sind z.B. Beamte im Strafvollzugsdienst nicht verpflichtet, ihnen bekannt gewordene Straftaten anzuzeigen (BGH NJW 1997, 2059).

Ein strafbares Vereiteln durch Unterlassen ist in anderen Fällen kaum denkbar, denn der Normalbürger ist grundsätzlich nicht verpflichtet, die Strafverfolgung anderer Personen durch aktives Tun zu unterstützen.

Auf der **subjektiven Seite** ist Vorsatz hinsichtlich der Vortat erforderlich – bedingter Vorsatz reicht aus - sowie die **Absicht der Strafvereitelung**.

## Vollstreckungsvereitelung § 258 Abs.2

Die Vollstreckungsvereitelung gem. § 258 Abs.2 betrifft Vereitelungshandlungen nach einer bereits rechtskräftig verhängten Strafe oder Maßnahme.

> ***Bsp.:*** *Der Bankräuber B ist zu einer langen Freiheitsstrafe verurteilt worden. Das Urteil ist rechtskräftig. Seine Freunde F und Z organisieren seinen Ausbruch aus dem Gefängnis.*

Anders als bei der Verfolgungsvereitelung nach § 258 Abs.1 kommt es nicht darauf an, ob die Vortat wirklich begangen worden ist.

> ***Bsp.:*** *Der X ist wegen eines Bankraubes verurteilt worden, den er nicht begangen hat. Das Urteil ist rechtskräftig. Sein Freund B, der von seiner Unschuld überzeugt ist, verhilft ihm zur Flucht. - Die rechtskräftige Verurteilung genügt; das Verhalten des B erfüllt den Tatbestand der Vollstreckungsvereitelung.*

Fraglich ist, ob die Bezahlung einer fremden Geldstrafe den Tatbestand der Vollstreckungsvereitelung erfüllt.

> ***Bsp.:*** *Der X ist zur Zahlung einer Geldstrafe von 5.000 € verurteilt worden. Sein Freund F zahlt das Geld aus seinen Mitteln bei der Gerichtskasse ein.*

Geht man davon aus, dass eine Geldstrafe den Verurteilten persönlich treffen soll, so wird durch die Zahlung eines Dritten dieser Strafzweck unterlaufen. Mit dieser Begründung lässt sich § 258 Abs.2 bejahen. Die Gegenansicht verweist darauf, dass es lediglich darum gehe, das Geld einzutreiben, nicht aber, den Verurteilten persönlich zu treffen. Von diesem Ausgangspunkt wäre § 258 Abs.2 abzulehnen (so BGHSt 37, 226). Für diese Ansicht spricht auch die leichte Umgehungsmöglichkeit der gegenteiligen Ansicht, denn es ist straffrei möglich, dem Verurteilten Geld zu schenken, damit dieser seine Strafe dann selbst zahlt.

Vollstreckungsvereitelung begeht folglich nur, wer durch Störung der äußeren Abläufe der Vollstreckung bewirkt, dass eine gegen einen anderen verhängte Strafe oder Maßnahme nicht verwirklicht werden kann. Zu diesen äußeren Abläufen gehören die Übernahme oder Überstellung des Verurteilten in den Vollzug und die Beitreibung von Geldstrafen. Ein Dritter, der ohne in den äußeren Ablauf der Vollstreckung einzugreifen, nur dazu beiträgt, dass der Verurteilte von der Strafe nicht oder weniger 'persönlich betroffen' ist, vereitelt den staatlichen Strafanspruch nicht.

> ***Bsp.:*** *X und Y sind beide zu 1 Jahr Haft verurteilt worden. Für X tritt sein Bruder B die Haft an und sitzt seine Strafe ab. Die Haft des Y erleichtert seine Freundin F dadurch, dass sie reichlich Pakete ins Gefängnis schickt und ihm so den Aufenthalt dort nachhaltig angenehmer gestaltet. - B begeht eine Vollstreckungsvereitelung, denn es wird in den äußeren Ablauf der Vollstreckung eingegriffen, wenn nicht die richtige Person die Haft antritt. Die F stört die äußeren Abläufe der Vollstreckung dagegen durch ihre Pakete nicht. Sie begeht keine Vollstreckungsvereitelung.*

Auf der subjektiven Seite ist bei § 258 Abs.2 Vorsatz hinsichtlich der Verurteilung – bedingter Vorsatz reicht aus - erforderlich sowie die Absicht der Strafvereitelung.

## Strafbefreiung nach §§ 258 Abs.5 und 258 Abs.6

§ 258 Abs.5 schließt die Strafbarkeit des Täters aus, wenn dieser zugleich mit der Begünstigung einer anderen Person sich selbst begünstigen will. Hier wird auf die notstandsähnliche Lage des Täters abgestellt.

**Beachten Sie:** **Will der Täter nur sich selbst vor Strafe schützen, dann scheidet § 258 Abs.1 schon tatbestandlich aus, weil kein anderer der Bestrafung entzogen werden soll.**

**§ 258 Abs.5 greift nur dann ein, wenn zumindest auch ein anderer vor Bestrafung geschützt werden soll!**

§ 258 Abs.6 betrifft die persönliche Angehörigenbegünstigung und schließt die Strafbarkeit aus, wenn die Tat zugunsten eines Angehörigen begangen wird.

Die beiden Strafbefreiungsvorschriften gelten nur hinsichtlich der Strafvereitelung, berühren aber nicht die Strafbarkeit aus anderen Delikten.

## Vollstreckungsvereitelung im Amte § 258a

Die Vollstreckungsvereitelung im Amte nach § 258a ist eine durch die Amtsträgereigenschaft des Täters bedingte **Qualifizierung gegenüber § 258**. Der Amtsträger muss dabei zur Mitwirkung bei der Vollstreckung der Strafe oder Maßregel berufen sein.

***Bsp.:*** *Der Polizeibeamte P bearbeitet das Strafverfahren gegen U wegen Urkundenfälschung. Er lässt die gefälschte Urkunde verschwinden. - P ist hier zur Mitwirkung im konkreten Strafverfahren gegen U berufen. Seine Strafbarkeit ergibt sich aus § 258a.*

***Gegenbsp.:*** *Der Kriminalbeamte D ist im Einbruchsdezernat tätig. Als er seinen Kollegen K im Morddezernat zum Kaffeetrinken besucht, sieht er dort die Akten gegen seinen Freund F liegen, der unter Mordverdacht steht. In einem unbeobachteten Augenblick entfernt er ein wichtiges Beweisstück, um F zu entlasten. - D ist zwar Beamter, hat aber mit der Bearbeitung des konkreten Falles nichts zu tun und ist daher nicht zur Mitwirkung im konkreten Strafverfahren gegen F berufen. Seine Strafbarkeit ergibt sich nur aus § 258.*

Die Tat kann auch **durch Unterlassen** verwirklicht werden, da die Amtsträger der Strafverfolgungsbehörden grundsätzlich **zum Einschreiten verpflichtet** sind (Legalitätsprinzip). Die **Garantenstellung** zugunsten der staatlichen Strafrechtspflege ergibt sich hier also aus der **dienstlichen Stellung**.

Ob der Amtsträger auch **bei privater Kenntnis** zum Handeln verpflichtet ist, ist umstritten. Die h.M. bejaht eine Handlungspflicht bei erheblichen und die Rechtsgemeinschaft besonders berührenden Straftaten.

Auf der subjektiven Seite muss auch der Vorsatz hinsichtlich dieser qualifizierenden Umstände gegeben sein.

Das Angehörigenprivileg des § 258 Abs.6 gilt gem. § 258 a Abs.3 nicht.

# Begünstigung § 257

## Prüfungsschema zu § 257

**A. Tatbestand**
- **I. objektiver Tatbestand**
  - **1. Vortat**
    - **a) rechtswidrige Vortat**
    - **b) eines anderen**
  - **2.Tathandlungen: Hilfeleisten**
- **II. subjektiver Tatbestand**
  - **1. Vorsatz**
  - **2. Absicht der Vorteilssicherung**

**B. Rechtswidrigkeit**

**C. Schuld**

Die Begünstigung nach § 257 ist in der Struktur der Strafvereitelung des § 258 sehr ähnlich. Die Vorschrift des § 257 bestraft die Verhinderung der Wiederherstellung des gesetzmäßigen Zustandes (Restitutionsvereitelung).

Die Begünstigung ist ein **typisches Anschlussdelikt**, das die Begehung einer nicht unbedingt schuldhaften) straftatbestandsmäßigen und rechtswidrigen **Vortat** durch einen **anderen** voraussetzt (dazu siehe oben bei § 258). Vortat kann auch ein Versuch sein; daraus müssen aber dem Vortäter bereits Vorteile erwachsen sein.

**Hilfeleistung** ist

> **jede Handlung, die objektiv geeignet ist, dem Vortäter seine Tatvorteile zu erhalten.**

***Bsp.:*** *A hat einen PKW gestohlen. B spritzt das Fahrzeug in seiner Autowerkstatt um.*

Die Hilfeleistung muss außerdem dazu geeignet sein, die Wiederherstellung des rechtmäßigen Zustandes zu erschweren. Hieran fehlt es z.B., wenn der Täter Handlungen vornimmt, die lediglich zur Sacherhaltung oder zum Schutz des Gegenstandes der Vortat dienen.

***Bsp.:*** *A hat einen PKW gestohlen. B sieht, dass aus dem Fahrzeug Öl herausläuft und repariert den Schaden. - Hier dient die Arbeit des B nur dazu, den Wagen vor einem Motorschaden zu schützen.*

Aus dem Charakter als Restitutionsvereitelungsdelikt ergibt sich, dass der Vortäter zum Zeitpunkt der Hilfeleistung den Vorteil noch innehaben muss. Die Hilfeleistung ist nicht mehr zur Vorteilssicherung geeignet, wenn der Vortäter sich des Vorteils bereits endgültig entäußert hat oder ihn aus anderen Gründen nicht mehr innehat.

**Bsp.:** *Lehrling L hat in seinem Betrieb einen Computer gestohlen und im Keller seiner Wohnung versteckt. Die Polizei vernimmt auch seine Freundin F über den Aufenthaltsort der Beute. F weiß von dem Versteck und lenkt die Polizei durch falsche Hinweise auf eine andere Spur. Zu diesem Zeitpunkt hatte L den Computer aber bereits aus dem Versteck herausgeschafft und verkauft. - L hatte zum Zeitpunkt der Hilfeleistung der F den Computer gar nicht mehr in seinem Besitz. F hat daher objektiv gar nicht verhindert, dass der gesetzmäßige Zustand wiederhergestellt wird. § 257 scheidet aus. Denkbar wäre allenfalls ein Versuch des § 257, der jedoch nicht strafbar ist (anders als bei § 258)!*

Auch die **Absatzhilfe bei der Verwertung der Beute** kann Hilfeleisten sein. Allerdings darf damit nicht allein die Verwertung gefördert werden, vielmehr muss die wirtschaftliche Verwertung dazu beitragen, den Vortäter vor der drohenden Wiederentziehung zu schützen.

Die **Abgrenzung zur Beihilfe** erfolgt danach, in welchem Stadium der Vortat die Unterstützungshandlung erfolgt.

Ist die **Vortat noch nicht vollendet**, so liegt **Beihilfe** vor.

Ist die **Vortat bereits beendet**, so kommt **nur Begünstigung** in Betracht.

Im Stadium **zwischen Vollendung und Beendigung** wird nach der **inneren Willensrichtung** des Hilfeleistenden abgegrenzt: Hilft er, um den **erfolgreichen Abschluss der Vortat zu fördern**, so liegt **Beihilfe** vor. Unterstützt er, um dem **Vortäter die Vorteile der Tat zu sichern**, so liegt **Begünstigung** vor.

## Subjektiver Tatbestand

Auf der subjektiven Seite ist bei § 257 **Vorsatz** hinsichtlich der Vortat und der Hilfeleistung - bedingter Vorsatz reicht aus - erforderlich sowie die **Absicht der** Vorteilssicherung. Der Vorsatz braucht dabei die Vortat nicht in allen Einzelheiten zu erfassen. Diese Vorteilssicherungsabsicht muss das Verhalten im Wesentlichen bestimmt haben, braucht aber weder einziger Zweck des Handelns noch dessen Beweggrund zu sein.

**Bsp.:** *Einbrecher E hat eine wertvolle Münzsammlung gestohlen. X glaubt, E habe die Münzen durch einen Betrug erlangt und versteckt sie bei sich, als dem E eine Hausdurchsuchung droht. - Hier hat X eine falsche Vorstellung über die Straftat, die E begangen hat. Es reicht aber aus, dass er von einer Straftat ausgeht und er E die daraus gewonnenen Vorteile sichern will.*

Eine **Vorteilssicherungsabsicht fehlt**, wenn es lediglich darum geht, die Sache zu erhalten (möglich ist es in diesen Fällen bereits, eine objektive Hilfeleistung zu verneinen; siehe oben).

***Bsp.:*** *X hat ein Pferd gestohlen und in einem Schuppen untergestellt. F füttert das Tier*

***Weiteres Bsp.:*** *A hat ein Cabrio gestohlen und vor dem Hause des F abgestellt. Als ein Unwetter droht, fährt F das Fahrzeug in seine Garage. – In beiden Fällen handelt es sich um Maßnahmen zur Sacherhaltung, die nicht mit dem Ziel erbracht werden, dem Vortäter die Vorteile aus der vorangegangenen Straftat zu erhalten.*

Die **Abgrenzung zur Strafvereitelung** erfolgt allein **auf der subjektiven Seite**. Will der Täter hauptsächlich den **Tatvorteil sichern**, dann greift § 257 ein. Kommt es ihm darauf an, die **Bestrafung zu verhindern**, dann ist § 258 einschlägig. Verfolgt der Unterstützer **beide Ziele**, dann liegt **Idealkonkurrenz** zwischen beiden Delikten vor.

## Wiederholungsfragen zu §§ 258, 257

| | |
|---|---|
| 1. Welche Anforderungen stellt § 258 an die Vortat? | Es muss eine Straftat vorliegen (also nicht eine bloße Ordnungswidrigkeit). Diese Tat muss ein anderer begangen haben, nicht der Täter selbst. Der andere muss auch rechtswidrig und schuldhaft gehandelt haben, sich also auch strafbar gemacht haben. |
| 2. Setzt § 258 Abs.1 einen Erfolg voraus? | Die Verfolgungsvereitelung ist ein Erfolgsdelikt. Der Vereitelungserfolg ist dann erreicht, wenn ein anderer hinsichtlich seiner Strafverfolgung günstiger gestellt wird und dadurch die Durchsetzbarkeit des staatlichen Strafanspruchs mehr als nur unerheblich beeinträchtigt wird. |
| 3. Wann ist die Durchsetzbarkeit des staatlichen Strafanspruchs mehr als nur unerheblich beeinträchtigt? | Es reicht eine erhebliche zeitliche Verzögerung der Bestrafung. Die Rechtsprechung hat für die Vollendung der Verfolgungsvereitelung bereits einen Verzögerungszeitraum von 14 Tagen ausreichen lassen.<br>Eine Verfolgungsvereitelung ist auch gegeben, wenn der Vortäter wegen eines geringeren Deliktes bestraft wird. |
| 4. Worauf bezieht sich § 258 Abs.2? | Die Vollstreckungsvereitelung gem. § 258 Abs.2 betrifft Vereitelungshandlungen nach einer in einem bereits rechtskräftigen Urteil verhängten Strafe oder Maßnahme. |
| 5. Welche subjektive Voraussetzung ist neben dem Vorsatz nötig? | Auf der subjektiven Seite ist die Absicht der Strafvereitelung erforderlich. |
| 6. Welche Besonderheiten erfordert § 258a? | Der Täter muss Amtsträger und zur Mitwirkung bei der Vollstreckung der Strafe oder Maßregel berufen sein. |

| | |
|---|---|
| 7. Kann eine Strafvereitelung auch durch Unterlassen verwirklicht werden? | Die Tat kann auch durch Unterlassen verwirklicht werden. |
| 8. Was ist dazu erforderlich? | Erforderlich ist auch hier eine Garantenstellung. |
| 9. Wie ist dabei die Lage bei § 258? | Der Normalbürger ist grundsätzlich nicht verpflichtet, die Strafverfolgung anderer Personen durch aktives Tun zu unterstützen. § 258 durch Unterlassen ist daher kaum denkbar. |
| 10. Wie dagegen bei § 258a? | Amtsträger der Strafverfolgungsbehörden sind nach dem Legalitätsprinzip grundsätzlich zum Einschreiten verpflichtet. § 258a durch Unterlassen ist daher möglich. |
| 11. Woraus ergibt sich dort die Garantenstellung? | Die Garantenstellung zugunsten der staatlichen Strafrechtspflege ergibt sich hier also aus der dienstlichen Stellung. |
| 12. Welchem Schutzgut dient § 257? | Die Vorschrift des § 257 bestraft die Verhinderung der Wiederherstellung des gesetzmäßigen Zustandes. |
| 13. Wie definiert man die Hilfeleistung? | Hilfeleistung ist jede Handlung, die objektiv geeignet ist, dem Vortäter seine Tatvorteile zu erhalten. |
| 14. Ist der Versuch des § 257 strafbar? | Nein. Im Gegensatz zu § 258 wird der Versuch bei § 257 nicht bestraft. |
| 15. Wie erfolgt die Abgrenzung zur Beihilfe? | Ist die Vortat noch nicht vollendet, so liegt Beihilfe vor. Ist die Vortat bereits beendet, so kommt nur Begünstigung in Betracht. Im Stadium zwischen Vollendung und Beendigung kommt es auf die Willensrichtung an. Wird geholfen, um den erfolgreichen Abschluss der Vortat zu fördern, so liegt Beihilfe vor. Sollen dem Vortäter die Vorteile der Tat gesichert werden, so liegt Begünstigung vor. |
| 16. Welche subjektive Voraussetzung ist neben dem Vorsatz nötig? | Auf der subjektiven Seite ist die Absicht der Vorteilssicherung erforderlich. |

# 8. Kapitel
# Sachbeschädigungs- und Brandstiftungsdelikte

## Sachbeschädigung, §§ 303 ff

### Prüfungsschema zu § 303 StGB

**A. Tatbestand**
- **I. objektiver Tatbestand:**
  - **1. Tatobjekt: fremde Sache**
  - **2. Tathandlung**
    - **a. Beschädigung oder**
    - **b. Zerstörung**
- **II. subjektiver Tatbestand: Vorsatz**

**B. Rechtswidrigkeit**

**C. Schuld**

**D. Strafantrag § 303 c StGB**

### Tatobjekt

Tatobjekt der Sachbeschädigung sind fremde **Sachen**. Diese können, anders als bei § 242, auch unbeweglich sein. Damit kommen als Tatobjekte z.B. auch Gebäude in Betracht.

> ***Bsp.:*** *Bauer B will seinen Nachbarn N ärgern. Er fährt daher mit seinem Trecker auf dessen Grundstück, wirft dabei eine Mauer um, verwandelt mit seinem Pflug den Ziergarten des N in eine Ackerlandschaft und kippt Gülle in den Zierteich. – Die Zerstörung der Bäume und Pflanzen im Garten des N sowie das Umfahren der Mauer stellen eine Sachbeschädigung fremder Sachen dar. Entsprechendes gilt für den Teich, der durch das Einleiten der Gülle zumindest beschädigt wird.*

**Fremd** ist eine Sache, die nicht im Alleineigentum des Täters steht und nicht herrenlos ist. Auf den wirtschaftlichen Wert der Sachen kommt es dabei nicht an. Ausreichend ist, dass der Berechtigte ein zu respektierendes Gebrauchs- oder Affektionsinteresse an dem Gegenstand hat. Nur wenn kein vernünftiges Interesse des Eigentümers an der Sache besteht, entfällt das Bedürfnis für einen strafrechtlichen Schutz.

> ***Bsp.:*** *A hat ein altes Sofa im Gemeinschaftsgarten des Hauses aufgestellt, auf dem er im Sommer immer sitzt und alten Erinnerungen nachhängt. Nachdem das Sofa auch im Herbst und Winter draußen steht, langsam verfault und sich die ersten Ratten einnisten, wirft es der Mitbewohner M auf den Sperrmüll. – Hier besteht jedenfalls nachdem sich die Ratten in dem verfaulten Sofa eingenistet haben, kein vernünftiges und zu respektierendes Affektionsinteresse des A mehr an dem Sofa und damit auch kein strafrechtliches Schutzbedürfnis.*

> ***Bsp.:*** *K lebt in einem Wintersportgebiet, in dem der Fremdenverkehrsverein regelmäßig für die Skilangläufer spezielle Loipen anlegen lässt. K stören die vielen Touristen. Er zerstört die gespurten Loipen. – Problematisch ist, ob die Loipe - technisch nur zwei besondere Skispuren im Schnee - als Sache angesehen werden kann. Dies ist danach zu entscheiden, ob die Loipe als hinreichend abgegrenzt gegenüber ihrer Umgebung angesehen werden kann.*

Auch Tiere fallen in den Schutzbereich des § 303 StGB, auch wenn Tiere nach § 90 a BGB zivilrechtlich keine Sachen sind.

## Tathandlung

Das Gesetz nennt die beiden Tathandlungen beschädigen oder zerstören der Sache.

**Die Beschädigung einer Sache setzt voraus, dass**

**der Täter körperlich auf sie einwirkt und sie dadurch in ihrer Substanz nicht unerheblich verletzt oder ihre bestimmungsgemäße Brauchbarkeit nicht nur unerheblich beeinträchtigt.**

Beim **Beschädigen** ist nach h.M. die körperliche Einwirkung auf die Sache nötig, durch die entweder eine Substanzverletzung oder eine Brauchbarkeitsminderung eingetreten sein muss.

***Bsp.:*** *K hält in einem Käfig eine Amsel. X öffnet die Tür zum Käfig und lässt die Amsel entfliegen. - Nach h.M. liegt hier keine Sachbeschädigung vor, da es an der körperlichen Einwirkung auf die Sache fehlt, die zu einer Substanzverletzung oder Brauchbarkeitsminderung führt. Die freigelassene Amsel kann als heimischer Vogel auch außerhalb des Käfigs überleben.*

***Bsp.:*** *X hat mit seinem tollen Sportwagen bereits das Interesse zahlreicher junger Damen und den Neid seiner Arbeitskollegen erregt. Eines Tages wird es dem Z zu bunt: er lässt dem X die Luft aus den Reifen. – Hier ist zwar durch die Einwirkung des Z keine Substanzverletzung eingetreten, aber eine Brauchbarkeitsminderung. Sachbeschädigung liegt daher vor (str.)*

***Bsp.:*** *Y ärgert sich ebenfalls über den Angeber X mit seinem tollen Sportwagen. Er besorgt sich bunte Klebefolie und "verziert" das Auto des X damit. Die Folie lässt sich zwar wieder abziehen, ohne den Lack zu beschädigen, aber damit ist X mehrere Stunden beschäftigt. - Durch die Einwirkung des Y ist weder eine Substanzverletzung noch eine Brauchbarkeitsminderung eingetreten. Der Sportwagen ist zwar nicht mehr so recht zum Angeben geeignet, aber als Fortbewegungsmittel noch einzusetzen. Sachbeschädigung liegt daher nicht vor (str.)*

**Eine Sache ist zerstört,**

**wenn die Beschädigung so weit geht, dass die Sache infolge körperlicher Einwirkung vernichtet wird oder sie ihre bestimmungsgemäße Verwendungsfähigkeit verliert**

***Bsp.:*** *Der K löscht die Daten auf den Disketten des Computerfan C, die Videobänder des D und die Tonbänder des E. - In allen Fällen liegt Sachbeschädigung vor.*

**Klausurtip**

**Ist die Sache vollständig zerstört, so ist dies in der Klausur festzustellen. Verzetteln Sie sich aber nicht in Abgrenzungsfragen zwischen Zerstörung und Beschädigung! Steht die Zerstörung nicht sicher fest, reicht es in der Klausur meist aus, festzustellen, dass die Sache mindestens beschädigt worden ist! Ob eine bloße Beschädigung oder schon eine Zerstörung vorliegt, ist dann für das Ergebnis unerheblich.**

**Steht aber nur eine Beschädigung im Raum, prüfen Sie immer genau die Erheblichkeitsgrenze! Nicht jede Beschädigung zieht die Strafe des § 303 StGB nach sich!**

§ 303 StGB ist auch durch **Unterlassen** begehbar, sofern eine entsprechende Garantenstellung des Täters gegeben ist.

*Bsp.: A erklärt sich bereit, beim Nachbarn B während dessen Urlaub die Blumen in der Wohnung zu gießen. Dann hat er aber keine Lust, dieser Aufgabe nachzukommen. Als B aus dem Urlaub zurückkommt, sind alle Blumen vertrocknet. – Das Untätigbleiben des A hat kausal zur Zerstörung der Blumen geführt. A hat hier die Ausgabe übernommen, die Blumen zu gießen. Daraus resultiert eine Garantenpflicht, die A verletzt hat. Er ist gem. § 303 StGB strafbar.*

Die **dauernde Sachentziehung** ist keine Sachbeschädigung oder Zerstörung, auch wenn ihr Unrechtsgehalt oft an die Sachzerstörung herankommt.

*Bsp.: L nimmt X dessen goldenen Ring ab und wirft ihn in den Fluss. - Hier verliert zwar X die Herrschaft über die Sachsubstanz. Es liegt aber nur eine Sachentziehung vor, da der goldene Ring aufgrund seines Materials im Fluss keinen Schaden erleiden wird. § 303 StGB scheidet daher aus. Auch § 242 StGB ist mangels Zueignungsabsicht nicht gegeben.*

### Subjektiver Tatbestand

Der subjektive Tatbestand erfordert Vorsatz, dabei genügt jedoch dolus eventualis.

Glaubt der Täter irrtümlich, die von ihm zerstörte oder beschädigte Sache stehe in seinem Eigentum, so handelt er ohne Vorsatz (§16 StGB).

### Antragserfordernis § 303 c StGB

Erforderlich ist ein vom Eigentümer oder einer sonst nutzungsberechtigten Person gestellter Strafantrag, es sei denn, die Strafverfolgungsbehörde bejaht ein öffentliches Interesse.

## Gemeinschädliche Sachbeschädigung § 304 StGB

Das Delikt schützt unabhängig von der Eigentumslage das allgemeine Interesse am Erhalt bestimmter zweckgebundener Objekte insbesondere kultureller oder gemeinnütziger Art. Damit werden z.B. öffentliche Telefonzellen, Verkehrszeichen usw. besonders geschützt.

## Zerstörung von Bauwerken § 305 StGB

§ 305 StGB beinhaltet eine qualifizierte Sachbeschädigung, bei der die im Gesetz genannten Objekte von einer gewissen Bedeutung sein müssen.

## Brandstiftungsdelikte

### Brandstiftung § 306 StGB

### Tatobjekte

Geschützt wird **fremdes Eigentum**, so dass eine **rechtfertigende Einwilligung** möglich ist. § 306 StGB ist also ein **besonderer Fall der Sachbeschädigung.**

### Tathandlung

**In Brand gesetzt** ist ein Objekt

**wenn es vom Feuer so erfasst ist, dass ein Fortbrennen aus eigener Kraft möglich ist**

Dabei genügt es auch, wenn ein bereits brennendes Objekt an anderer Stelle **erneut angezündet** wird. Auch das bloße **Verstärken** eines Brandes ist Inbrandsetzen. Da das Delikt in dieser Alternative ein abstraktes Gefährdungsdelikt ist, ist es bedeutungslos, ob eine neue Gefahr begründet oder eine bereits vorhandene Gefahr verstärkt wird.

Die zweite Tathandlungsalternative wird mit den Merkmalen "Ganz oder teilweise zerstören durch eine **Brandlegung**" beschrieben. Damit sollen solche Fälle erfasst werden, in denen die Schäden nicht auf ein Brennen zurückgeht, sondern auf Schäden infolge von Rauch-, Ruß oder Hitzeentwicklung.

## Die Fälle der §§ 306 a, b, c

§ 306a Abs. 1 der Vorschrift schützt bestimmte menschliche Wohn- und Aufenthaltsstätten ohne Rücksicht darauf, ob im Einzelfall eine konkrete Gefahr für Menschen entstanden ist. Die Gebäude usw. sind geschützt, soweit sie **zum Wohnen von Menschen dienen**. Die Vorschrift greift demnach nicht ein, wenn das Gebäude noch nicht zum Wohnen dient oder diese Wohnungseigenschaft bereits aufgegeben worden ist.

***Bsp.**: A zündet den noch nicht bezugsfertigen Rohbau des X an. - Hier ist das Gebäude noch nicht als Wohnraum für Menschen bestimmt worden; § 306a erst ab Bezugsfertigkeit.*

Für § 306a reicht es aus, wenn Teile des Mobiliars der Wohnung, oder auch Teile des Teppichbodens und der Tapeten verbrannt werden und der Putz an einigen Stellen abplatzt, so dass die Wohnung auch aufgrund starker Verrußung nicht mehr benutzbar ist. Darin liegt eine **teilweise Zerstörung** des Gebäudes im Sinne des StGB § 306a Abs. 1 Nr. 1 Alt 2, weil ein Teil, nämlich die Wohnung, nicht mehr ihrem bestimmungsgemäßen Gebrauch dienen kann.

**§ 306 a Abs. 2 StGB** ist Qualifizierung zu § 306 Abs. 1 StGB und setzt voraus, dass die Tat einen anderen Menschen in die **konkrete Gefahr einer Gesundheitsbeschädigung** bringt.

Der **erfolgsqualifizierte Fall der Brandstiftung** in § 306 b Abs. 1 StGB setzt die schwere Gesundheitsbeschädigung eines anderen Menschen oder die Gesundheitsbeschädigung einer großen Zahl von Menschen voraus. Die Verletzung eines Tatbeteiligten reicht hier nicht aus, da dieser kein anderer Mensch im Sinne der Vorschrift ist.

**§ 306 b Abs. 2 StGB** beinhaltet **Qualifizierungen des § 306 a StGB** und stellt **kein erfolgsqualifiziertes Delikt** dar. Daher ist auch hinsichtlich des Eintritts der Gefahr bei § 306 b Abs. 2 Ziffer 1 StGB Vorsatz erforderlich.

Bei dem **erfolgsqualifizierten Delikt** der **Brandstiftung mit Todesfolge gem. § 306 c StGB** der muss der Täter wenigstens leichtfertig den Tod eines anderen Menschen verursacht haben.

## Wiederholungsfragen zu Sachbeschädigungs- u. Brandstiftungsdelikten

| | |
|---|---|
| 1. Können Gebäude Gegenstand einer Sachbeschädigung sein? | Ja, denn Tatobjekt können - anders als bei § 242 StGB - auch unbewegliche fremde Sachen sein. |
| 2. Welche Einwirkungen auf die Sache erfordert das Tatbestandsmerkmal Beschädigen? | Die körperliche Einwirkung auf die Sache, durch die entweder eine Substanzverletzung oder eine Brauchbarkeitsminderung eingetreten sein muss. |
| 3. Was schützt § 306 StGB? | § 306 StGB ist also ein besonderer Fall der Sachbeschädigung. Geschützt wird also fremdes Eigentum. |
| 4. Ist eine rechtfertigende Einwilligung möglich ? | Ja, da fremdes Eigentum geschützt wird, ist auch eine rechtfertigende Einwilligung möglich. |
| 5. Wann ist ein Gebäude in Brand gesetzt? | Wenn es vom Feuer so erfasst ist, dass ein Fortbrennen aus eigener Kraft möglich ist |
| 6. Welche weiteren Merkmale verlangt § 306 c StGB? | Ist ein erfolgsqualifiziertes Delikt: der muss Täter wenigstens leichtfertig den Tod eines anderen Menschen verursacht haben, § 18 StGB. |

# 9. Kapitel
# Beleidigungsdelikte

## Beleidigung § 185 StGB

### Prüfungsschema zu § 185 StGB

| | | |
|---|---|---|
| A. | | Tatbestand |
| | I. | objektiver Tatbestand: |
| | 1. | Kundgabe der Nicht - oder Missachtung |
| | 2. | gegenüber dem Tatopfer |
| | II. | subjektiver Tatbestand - Vorsatz |
| B. | | Rechtswidrigkeit |
| C. | | Schuld |
| D. | | Strafantrag § 194 StGB |

### Ehrverletzung

**Geschütztes Rechtsgut** der §§ 185 ff StGB ist die **persönliche Ehre**. Die Ehre bedeutet den inneren Wert, die Würde und die Selbstachtung eines Menschen, aber auch die äußere Ehre in den Augen der anderen, also die Geltung und den Ruf innerhalb der Gesellschaft.

§ 185 StGB bestraft Ehrverletzungen, die durch Äußerung gegenüber dem Betroffenen erfolgen. Dabei kann diese Äußerung eine Tatsachenbehauptung oder ein Werturteil sein.

Ein **Werturteil** ist eine subjektive Einschätzung, deren Richtigkeit oder Unrichtigkeit als Sache persönlicher Überzeugung dargestellt wird.

Die **Tatsachenbehauptung** beschreibt wirklich geschehene oder existierende Umstände, die dem Beweis zugänglich sind.

***Bsp.:*** *Der Autofahrer A hat sich über den X geärgert, der ihm die Vorfahrt genommen hat. Er schimpft aus dem Autofenster „Sie Ochse" und zeigt ihm den Vogel. – Sowohl in der verbalen Äußerung „Sie Ochse" als auch im Zeigen des Vogels liegt ein abwertendes Werturteil.*

***Bsp.:*** *Wie vor, aber A ruft „Sie sind ja betrunken!" – In dieser Erklärung liegt eine Tatsachenbehauptung, die des Beweises (durch Blutprobe) zugänglich ist.*

### Beleidigungsfähigkeit

**Beleidigungsfähig sind Menschen** unabhängig von ihrem Alter und ihrem Geisteszustand.

**Personengemeinschaften** sind beleidigungsfähig, wenn sie

- soziale Funktionen von gewisser Bedeutung erfüllen
- zu einer einheitlichen Willensbildung in der Lage sind.

**Personenmehrheiten** sind dann beleidigungsfähig, wenn sie so deutlich von der Allgemeinheit abgegrenzt sind, dass er Kreis der beteiligten Einzelpersonen hinreichend genau bestimmt werden kann (BGHSt 11, 207).

**Bsp.:** *Der im Strafverfahren Verurteilte V ist mit seinem Urteil unzufrieden. Noch im Gerichtssaal schimpft er laut in Anwesenheit des Gerichtsvorsitzenden G „Alle deutschen Strafrichter sind Verbrecher". – Die Personenmehrheit „alle deutschen Strafrichter" ist deutlich von der Allgemeinheit abgegrenzt und der Kreis der beteiligten Einzelpersonen kann hinreichend genau bestimmt werden. Die ehrverletzende Äußerung ist auch in Anwesenheit des G erfolgt. Damit hat V den Tatbestand des § 185 StGB erfüllt (es sei denn, dies entspräche der Wahrheit!??).*

**Gegenbsp.**: *Der K hat einen Streit mit seinem Skatbruder, dem Apotheker X. Der K schimpft „Alle Akademiker sind Gangster". – Die Personenmehrheit „alle Akademiker" ist von der Allgemeinheit nicht so deutlich abgegrenzt, da der Kreis der beteiligten Einzelpersonen kaum genau bestimmt werden kann. Der Beleidigungstatbestand ist daher nicht erfüllt.*

## Kundgabe der Beleidigung

Bei den Beleidigungstatbeständen handelt es sich um sog. **Kundgabedelikte.** Eine Kundgabe liegt dann vor, wenn die Äußerung an andere gerichtet ist und zur Kenntnisnahme bestimmt ist.

**Bsp.:** *Die F vertraut ihren ganzen Kummer ihrem Tagebuch an. Darin schreibt sie, dass ihre Freundin X eine große Lügnerin sei. Dieses Tagebuch findet E, der Ehemann der F, der heimlich in den Sachen der F herumschnüffelt´. – Die Eintragungen ins Tagebuch hat die F nur zum eigenen Gebrauch gemacht, nicht aber mit dem Ziel, sie anderen zur Kenntnis zu bringen. Eine Kundgabe und damit ein Beleidigungstatbestand liegen daher nicht vor.*

Äußerungen, die im **engsten Familienkreis** getroffen werden und nicht dazu bestimmt sind, nach außen getragen zu werden, scheiden aus dem Kreis der Beleidigungen aus. Damit soll die Vertraulichkeit von Gesprächen innerhalb des familiären Lebenskreises gesichert werden.

**Bsp.:** *Der Vater V, die Mutter M und die Kinder K1 und K2 unterhalten sich am Mittagstisch. Dabei äußert die M, die Nachbarin B sei eine Schlampe.*

Die Beleidigungsdelikte sind bereits dann **vollendet**, wenn sie zur Kenntnis eines anderen gelangt sind. Dazu reicht aus, wenn ein Dritter Kenntnis erlangt.

**Bsp.:** *A verfasst einen Brief mit beleidigendem Inhalt, den er an B schicken will. Diesen Brief lässt er auf seinem Schreibtisch liegen. Die Putzfrau P entdeckt das Schreiben und liest es mit großem Interesse. – Vollendung ist in dem Augenblick eingetreten, als P vom beleidigenden Inhalt des Schreibens Kenntnis erlangt. Es ist nicht erforderlich, dass B selbst den Brief liest.*

## tätliche Beleidigung § 185 Variante 2 StGB

Die tätliche Beleidigung nach § 185 Variante 2 StGB ist eine Qualifikation, die eine unmittelbare körperliche Einwirkung auf den anderen voraussetzt wie z.B. das Anspucken.

Überschreitet dabei die Tätlichkeit die Schwelle der Körperverletzung, so ist § 223 StGB in Idealkonkurrenz verwirklicht.

## subjektiver Tatbestand

Erforderlich ist Vorsatz, wobei dolus eventualis ausreicht. Der Vorsatz muss das Bewusstsein umfassen, dass die Äußerung nach ihrem objektiven Sinne eine Missachtung darstellt und dass der andere sie wahrnimmt.

# Üble Nachrede § 186 StGB

## Prüfungsschema zu § 186 StGB

**A. Tatbestand**
**I. objektiver Tatbestand:**
**1. Behaupten oder Verbreiten ehrenrühriger Tatsachen**
**2. gegenüber Dritten**
**II. subjektiver Tatbestand: Vorsatz**
**B. Rechtswidrigkeit**
**C. Schuld**
**D. objektive Bedingung der Strafbarkeit:**
**Nichterweislichkeit der Wahrheit der Tatsachen**

## Tatbestand

§ 186 StGB erfasst die Behauptung oder Verbreitung unwahrer ehrenrühriger Tatsachen gegenüber Dritten.

**Ehrenrührig ist eine Tatsache, die geeignet ist, das Ansehen der betreffenden Person herabzusetzen.**

Behauptet wird eine Tatsache, wenn sie als Ergebnis eigener Überzeugung dargestellt wird. Eine **Behauptung** kann dabei auch durch eine geschickt gestellte Frage aufgestellt werden.

Eine Tatsache wird **verbreitet**, wenn der Täter etwas als Gegenstand fremden Wissens weitergibt. Der Tatbestand kann auch durch die Weitergabe bloßer Gerüchte erfüllt werden.

**§ 186 Alt. 2 StGB qualifiziert die üble Nachrede**, wenn sie öffentlich oder durch Verbreitung von Schriften begangen wurde.

## Subjektiver Tatbestand

Der Vorsatz muss sich auf alle Merkmale des objektiven Tatbestandes beziehen, also auch auf die Ehrenrührigkeit der aufgestellten Behauptung.

## nicht erweislich wahr

Die Nichterweislichkeit der Tatsachen ist dabei **kein Tatbestandsmerkmal**, sondern eine **objektive Bedingung der Strafbarkeit**.

**Das Risiko, dass die von ihm behauptete Tatsache sich nicht nachweisen lässt, trägt also der Täter.**

Darin liegt eine gesetzlich besonders geregelte Umkehrung des allgemeinen Grundsatzes „in dubio pro reo“ (also hier**: in dubio contra reum**).

Da es sich um eine objektive Bedingung der Strafbarkeit handelt, muss sich der Vorsatz nicht darauf beziehen. Glaubt der Täter irrtümlich, die von ihm aufgestellte Behauptung sei wahr, so entlastet ihn dies daher nicht.

## Verleumdung § 187 StGB

**§ 187 StGB ist eine Qualifizierung zu § 186 StGB** für den Fall, dass die behauptete oder verbreitete Tatsache definitiv unwahr ist und der Täter **wider besseres Wissen** handelt. Bezüglich der Unwahrheit der Tatsache reicht dolus eventualis nicht aus. der Täter muss vielmehr mit **direktem Vorsatz 1. Grades** oder mit Absicht handeln.

Dabei ist ggf. eine Güterabwägung zwischen der Ehre und der durch Art. 5 I 1 GG geschützten **Meinungsfreiheit** vorzunehmen. So darf z.B. ein Rechtsanwalt gegenüber Gerichten und Behörden die Interessen seiner Mandanten unter Umständen auch mit drastischen Worten vertreten. Dabei ist jedoch der Grundsatz der Verhältnismäßigkeit zu beachten. Ein missbräuchliches Vorbringen ist nicht durch § 193 StGB gerechtfertigt (OLG Bremen NStZ 99, 621). Selbst der Vorwurf der (objektiven) Willkür durch einen Verteidiger wird nicht als Beleidigung angesehen, wenn er im Rahmen sachgerechter Verteidigung erhoben wird. (OLG Düsseldorf NStZ 98, 516).

## Abgrenzungen zwischen §§ 185, 186 und 187 StGB

Die Anwendbarkeit der einzelnen Beleidigungsdelikte ist davon abhängig, ob es sich um eine Tatsachenbehauptung oder ein Werturteil handelt, zum anderen danach, ob die fragliche Äußerung gegenüber dem Betroffenen oder gegenüber Dritten erfolgt.

Die Abgrenzung soll die folgende Übersicht verdeutlichen

| Äußerung | Werturteil | Tatsachenbehauptung |
|---|---|---|
| abgegeben gegenüber dem Betroffenen | § 185 StGB | § 185 StGB |
| abgegeben gegenüber einem Dritten | § 185 StGB | § 186 StGB, wenn Wahrheit nicht nachweisbar<br>§ 187 StGB, wenn definitiv unwahr und Täter dies positiv wusste |

## Rechtfertigung durch § 193 StGB (Wahrnehmung berechtigter Interessen)

Die Vorschrift enthält 5 Varianten, von denen die Wahrnehmung berechtigter Interessen den Hauptanwendungsfall darstellt. Voraussetzung ist immer, dass der Täter berechtigte Interessen auf angemessene Art wahrnimmt und auch subjektiv zu diesem Zweck handelt. Der Schwerpunkt der Prüfung liegt in der Interessenabwägung.

Dabei muss eine Meinungsäußerung im Rahmen eines Beitrags zur politischen Willensbildung in einer die Öffentlichkeit wesentlich berührenden, fundamentalen Frage nach GG Art 5 Abs. 1 in einer freiheitlichen Demokratie grundsätzlich selbst dann toleriert werden, wenn die geäußerte Meinung extrem erscheint. So ist z.B. die Bezeichnung der Abtreibungspraxis als "Babycaust" zulässig angesehen worden.

## Antragserfordernis § 194 StGB

§ 194 StGB fordert für den Normalfall der Beleidigung einen Strafantrag. Dabei bezieht sich § 194 StGB nicht nur auf die Beleidigung nach § 185 StGB, sondern auch auf die §§ 186, 187 StGB.

## Wiederholungsfragen zu den Beleidigungsdelikten

| | |
|---|---|
| 1. Welchen Anwendungsbereich hat § 185 StGB? | § 185 erfasst ehrverletzende Werturteile und Tatsachenbehauptungen, die dem Beleidigten gegenüber abgegeben werden. |
| 2. Sind auch Personenmehrheiten beleidigungsfähig ? | Personenmehrheiten sind dann beleidigungsfähig, wenn sie so deutlich von der Allgemeinheit abgegrenzt sind, dass der Kreis der beteiligten Einzelpersonen hinreichend genau bestimmt werden kann (BGHSt 11, 207). |
| 3. Wann ist das Beleidigungsdelikt vollendet? | Die Beleidigungsdelikte sind als sog. Kundgabedelikte bereits dann vollendet, wenn sie zur Kenntnis eines anderen gelangt sind. Dazu reicht aus, wenn ein Dritter Kenntnis erlangt. |
| 4. Fallen auch ehrverletzende Äußerungen innerhalb des Familienkreises unter die Beleidigungsdelikte ? | Damit die Vertraulichkeit von Gesprächen innerhalb des familiären Lebenskreises gesichert wird, werden Äußerungen, die im engsten Familienkreis abgegeben und nicht dazu bestimmt sind, nach außen getragen zu werden, aus dem Kreis der Beleidigungen ausgenommen. Es liegt dann keine Kundgabe vor. |
| 5. Welchen Anwendungsbereich hat § 186 StGB? | Erfasst wird das Behaupten oder Verbreiten ehrenrühriger Tatsachen gegenüber Dritten. |
| 6. Definieren Sie den Begriff ehrenrührig ! | Ehrenrührig ist eine Tatsache, die geeignet ist, das Ansehen der betreffenden Person herabzusetzen. |
| 7. Welche Konsequenzen hat es, wenn der Täter bei § 186 StGB an die Wahrheit der von ihm aufgestellten Behauptung glaubt? | Bei der Nichterweislichkeit der Wahrheit der Behauptung handelt es sich um eine objektive Bedingung der Strafbarkeit, die nicht vom Vorsatz umfasst sein muss. |
| 8. Folge, wenn der Täter irrtümlich glaubt, die von ihm aufgestellte Behauptung sei wahr? | Kein Fall des § 16 StGB, sein Irrtum entlastet ihn daher nicht |
| 9. Wodurch unterscheidet sich § 187 StGB von § 186 StGB? | Bei § 187 StGB steht die Unwahrheit der Tatsache fest und der Täter handelt wider besseres Wissen. Er hat also direkten Vorsatz oder Absicht hinsichtlich der Unwahrheit der Tatsache. |

# 10. Kapitel

# Hausfriedensbruch § 123 StGB

## Prüfungsschema zu § 123 StGB

**A. Tatbestand**
**I. objektiver Tatbestand:**
**1. Tatobjekt**
**a. Wohnung oder Geschäftsräume eines anderen**
**b. befriedetes Besitztum eines anderen**
**c. abgeschlossene Räume, die zum öffentlichen Dienst oder Verkehr bestimmt sind**
**2. Tathandlung**
**a. Eindringen**
**b. Verweilen trotz Aufforderung des Berechtigten zum Verlassen**
**II. subjektiver Tatbestand Vorsatz**
**B. Rechtswidrigkeit**
**C. Schuld**
**D. Strafantrag § 123 Abs. 2 StGB**

## Tatobjekte

Zum geschützten Bereich gehören die **Wohnung**, die **Geschäftsräume**, das **befriedete Besitztum** oder zum öffentlichen Verkehr bestimmte, in sich abgeschlossene Räume.

**Wohnung ist eine zur Unterkunft von Menschen dienende Räumlichkeit, die dadurch eine abgeschirmte Privatsphäre bildet.**

Funktionell dazu gehörende Nebenräume wie Treppen oder Keller gehören ebenfalls zum geschützten Bereich des §123 StGB.

> **Bsp.:** *Der Hotelgast G dringt in das Hotelzimmer seines Zimmernachbarn Z ein. Auf dem Campingplatz dringt der Landstreicher L in den Wohnwagen des Campers C ein, um dort zu übernachten. – Auch das Hotelzimmer ist ein zur Unterkunft von Menschen dienender Raum, der zumindest für die Zeit des Aufenthaltes des Z dessen abgeschirmte Privatsphäre bildet und somit dem Schutz des § 123 StGB unterliegt. Dies gilt ebenso für den Wohnwagen des C.*

**Geschäftsräume sind alle zum Geschäftsbetrieb genutzten Räumlichkeiten sowie funktional zugeordnete Nebenräume oder Flächen.**

> **Bsp.:** *Der Stadtstreicher S baut sich über Nacht sein Lager in der Eingangspassage des Kaufhauses K auf. Auf dem Weihnachtsmarkt dringt der X in einen Markstand ein. - Auch die Eingangspassage des Kaufhauses gehört als funktional dem Kaufhaus zugeordnete Fläche zu den Geschäftsräumen. Der Marktstand ist ebenfalls ein von § 123 StGB geschützter Geschäftsraum.*

**Befriedetes Besitztum ist jedes Grundstück, das äußerlich erkennbar durch jedenfalls im Wesentlichen zusammenhängende Schutzvorrichtungen gegen willkürliches Betreten gesichert ist.**

**Bsp.:** *Der Landstreicher L übernachtet in einem zum Abbruch bestimmten Haus. In dem Haus fehlen die Eingangstüre und einige Fenster. - Das zum Abbruch bestimmte Haus stellt keine Wohnung mehr dar, da dieses Haus nicht mehr eine zum Aufenthalt von Menschen dienende Räumlichkeit ist. Allerdings handelt es sich um ein befriedetes Besitztum. Trotz der fehlenden Eingangstüre und einiger fehlender Fenster ist das Gebäude durch jedenfalls im wesentlichen Teilen noch vorhandene Schutzvorrichtungen gegen ein willkürliches Betreten gesichert.*

Zu den zum **öffentlichen Dienst oder öffentlichen Verkehr bestimmten abgeschlossenen Räumen** gehören z.B. Kindergärten, Kirchen, Schulen oder öffentliche Verkehrseinrichtungen.

## Tathandlungen

Tathandlungen sind das **widerrechtliche Eindringen** oder das **Sich-nicht-entfernen**.

**Eindringen** setzt voraus,

**dass der Täter gegen den Willen des Berechtigten zumindest mit einem Teil seines Körpers in die geschützten Räume gelangt**

**Bsp.:** *Zeitungswerber W vertreibt an der Haustüre Zeitschriftenabos. Hausfrau H ist nicht interessiert und möchte die Wohnungstüre schließen. Das verhindert W, indem der den Fuß in die Türe stellt. - W begeht hier einen Hausfriedensbruch. Es reicht aus, dass er seinen Fuß – also einen Teil seines Körpers – gegen den Willen der H in den Bereich ihrer Wohnung bringt.*

Da das Vorgehen „gegen den Willen des Berechtigten“ erfolgen muss, ist die **Einwilligung** des Hausrechtsinhabers **tatbestandsausschließendes Einverständnis**. Willensmängel sind hier unbeachtlich, so dass auch eine durch Täuschung erschlichene Zustimmung den Tatbestand ausschließt. Etwas anderes gilt aber, wenn die Zustimmung durch Nötigung erwirkt worden ist.

Problematisch sind die Fälle, bei denen der Täter in einen Bereich eindringt, der normalerweise frei zugänglich ist, um dort eine Straftat zu begehen. Nach h.M. ist dieses Verhalten dann nicht nach § 123 StGB strafbar, wenn das Betreten nicht ersichtlich unfriedlich erfolgt.

**Bsp.:** *Der L geht in das Kaufhaus des K, um einen Ladendiebstahl zu begehen. – Sicherlich ist der K nur damit einverstanden, dass solche Personen sein Kaufhaus betreten, die etwas kaufen und keine Straftaten begehen wollen.*

Allerdings wird man nicht argumentieren können, das Einverständnis zum Betreten der Geschäftsräume sei auf Kunden oder zumindest solche Personen beschränkt, die sich nicht illegal verhalten wollen. Denn mit einer solchen Einschränkung wird der Kreis der Personen, die berechtigt Zutritt erhalten, nur von subjektiven Kriterien abhängig und ist damit kaum nachprüfbar abzugrenzen. Die h.M. verneint daher im vorstehenden Beispiel einen Hausfriedensbruch, da nicht erkennbar ist, mit welchem Ziele der L das Kaufhaus betritt.

Etwas anderes gilt dann, wenn der Täter erkennbar rechtswidrige Absichten verfolgt. In solchen Fällen greift das generelle Einverständnis des Hausrechtsinhabers der Geschäftsräume gegenüber potentiellen Kunden nicht mehr.

**Bsp.:** *Der R betritt mit einer Strumpfmaske über dem Kopf die B-Bank. - Der R hat einen Hausfriedensbruch verwirklicht.*

Das **Verweilen** ohne Befugnis (Sich-nicht-entfernen) ist nur dann tatbestandsmäßig, wenn eine Aufforderung zum Verlassen erfolgt ist. Diese kann allerdings auch konkludent erfolgen.

> ***Bsp.:*** *Mieter M ist wegen Mietrückständen verurteilt worden, die Wohnung zu räumen. Seine Räumungsschutzanträge sind abgewiesen worden. Er will die Wohnung aber nicht verlassen, sondern hängt ein großes Plakat aus dem Fenster "Diese Wohnung ist besetzt!" – Der Mieter verliert sein Recht zum Verweilen in der Wohnung mit Ablauf des Mietvertrags bzw. spätestens dann, wenn der mögliche Räumungsschutz verweigert wird oder abgelaufen ist. Der weitere Verbleib durch die "Besetzung" stellt einen Hausfriedensbruch dar.*

Nicht immer unproblematisch ist, wer **Berechtigter** des Hausrechts ist. Dies ist derjenige, der über Zugang und Aufenthalt in dem Raum rechtmäßig zu bestimmen hat.

> ***Bsp.:*** *Wohnungseigentümer E will in der Wohnung des Mieters M während dessen Abwesenheit nachsehen, ob der Mieter die Wohnung ausreichend sauber hält. – Der Eigentümer ist nicht zwingend Inhaber des Hausrechts. Durch die Vermietung einer Wohnung wird auch das durch § 123 StGB geschützte Hausrecht auf den Mieter übertragen, so dass der Vermieter kein Recht hat, in Abwesenheit und ohne Einverständnis des Mieters die Wohnung zu betreten.*

Das Hausrecht kann auch mehreren Personen gemeinschaftlich zustehen und wird in diesem Fall auch gemeinsam ausgeübt. Erlaubt nur einer der Hausrechtsinhaber einem Dritten das Betreten der Räume, so ist dies vom anderen Inhaber im Rahmen der Zumutbarkeit zu dulden.

> ***Bsp.:*** *Die Eheleute M und F haben gemeinsam eine Wohnung angemietet. Die F will nicht, dass der M seine Skatbrüder X und Y zu sich kommen lässt und stellt Strafantrag wegen Hausfriedensbruch. – Da hier X und Y sich nicht ungebührlich benehmen, kann die F nicht den strafrechtlichen Schutz des § 123 StGB in Anspruch nehmen.*

Der **subjektive Tatbestand** setzt mindestens bedingten Vorsatz voraus.

Nach § 123 Absatz 2 StGB ist ein **Strafantrag** erforderlich.

## Wiederholungsfragen zum Hausfriedensbruch

| | |
|---|---|
| 1. Wann liegt eine Wohnung vor? | Wohnung ist eine zur Unterkunft von Menschen dienende Räumlichkeit, die dadurch eine abgeschirmte Privatsphäre bildet. Dabei umfasst der Schutz des § 123 StGB auch funktionell zur Wohnung gehörende Räume wie z.B. den Keller. |
| 2. Definieren Sie das befriedete Besitztum! | Befriedetes Besitztum ist jedes Grundstück, das äußerlich erkennbar durch jedenfalls im Wesentlichen zusammenhängende Schutzvorrichtungen gegen willkürliches Betreten gesichert ist. |
| 3. Welche Bedeutung hat der Wille des Hausrechtsinhabers? | Da das Vorgehen „gegen den Willen des Berechtigten" erfolgen muss, ist die Einwilligung des Hausrechtsinhabers ein tatbestandsausschließendes Einverständnis. |
| 4. Liegt Hausfriedensbruch vor, wenn ein Täter in rechtswidriger Absicht Geschäftsräume betritt. | Grundsätzlich besteht ein generelles Einverständnis des Hausrechtsinhabers frei zugänglicher Geschäftsräume, dass potentielle Kunden diese Räume betreten dürfen. Dies gilt nach h.M. auch, wenn ein Täter rechtswidrige Absichten verfolgt. Erst wenn diese Absicht objektiv erkennbar wird, endet das generelle Einverständnis und § 123 StGB wird erfüllt. |
| 5. Ist der Eigentümer immer Inhaber des Hausrechts ? | Nein, Inhaber des Hausrechts ist derjenige, der nach dem Gesetz über Zugang und Aufenthalt in dem Raum rechtmäßig zu bestimmen hat. Dies ist der Mieter oder Pächter bei vermieteten bzw. verpachteten Räumen. |

Stichwortverzeichnis